基于大数据时代的图书情报管理与服务研究

蒋 燕 ◎著

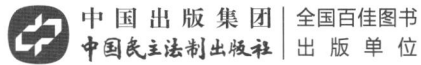

图书在版编目（CIP）数据

基于大数据时代的图书情报管理与服务研究 / 蒋燕著. — 北京：中国民主法制出版社，2023.8
ISBN 978-7-5162-3315-3

Ⅰ．①基… Ⅱ．①蒋… Ⅲ．①图书情报学－研究 Ⅳ．①G250

中国国家版本馆CIP数据核字(2023)第131453号

图书出品人：刘海涛
出 版 统 筹：石　松
责 任 编 辑：刘险涛　吴若楠

书　　　名/基于大数据时代的图书情报管理与服务研究
作　　　者/蒋　燕　著
出版·发行/中国民主法制出版社
地址/北京市丰台区右安门外玉林里7号（100069）
电话/（010）63055259（总编室）　63058068　63057714（营销中心）
传真/（010）63055259
http://www.npcpub.com
E-mail:mzfz@npcpub.com
经销/新华书店
开本/16开　　787毫米×1092毫米
印张/13　　字数/200千字
版本/2023年8月第1版　　2023年8月第1次印刷
印刷/廊坊市源鹏印务有限公司
书号/978-7-5162-3315-3
定价/68.00元
出版声明/版权所有，侵权必究。

（如有缺页或倒装，本社负责退款）

前言

随着社会经济的不断发展与科学技术的不断进步，人们对信息的需求呈现多元化的需求，对图书馆学相关的情报需求也是如此，因此对图书馆情报学进行研究就相当有意义。图书馆学是研究各类型图书馆系统中文献信息资源、馆员、读者、建筑设施等要素及其相互运动规律的学科，而情报学是研究情报及其交流过程规律的学科，两者都是偏重于社会科学的综合性学科，且两者均从属于信息科学，可见，图书馆学与情报学的关系十分紧密，在较多情况下，二者常被视为整体，称为图书情报学。改革开放后，尤其进入21世纪以后，经济与科学技术迅猛增长，广大读者的文化信息需求也在日益增长，这些变化为图书管理及服务工作带来了新的挑战。同时，由于需求的多样性，图书情报学在整个经济社会中的地位也越来越重要。因此，需要通过全新的视角审视图书情报学和管理，在现今的基础上，对其进行不断完善，以使其能够跟上时代的步伐，满足现代甚至是未来人们的需求。

本书从情报学理论基础介绍入手，针对图书情报学应用科学、文献编目与信息资源管理及网络环境下高校图书情报服务与发展进行了分析研究；另外对大数据时代图书馆数据获取与学科支撑功能、大数据时代智慧图书馆知识服务及大数据时代图书馆移动服务做了一定的介绍；还对大数据时代图书馆个性化服务及大数据时代图书馆服务的创新做了简要分析；旨在摸索出一条适合图书情报管理与服务工作创新的科学道路，帮助其工作者在应用中少走弯路，运用科学方法，提高效率。

在本书撰写过程中，参阅、借鉴和引用了国内外许多同行的观点和成果，各位同仁的研究奠定了本书的学术基础。由于时间仓促，资料搜集不全，更由于水平所限，书中错误、疏忽、不妥之处在所难免，恳望读者批评，纠正。

目录

第一章 情报学理论 ... 1
- 第一节 情报工作内容与情报属性 ... 1
- 第二节 情报源与情报获取 ... 14
- 第三节 文献情报交流的规律 ... 21
- 第四节 情报学的研究方法 ... 24
- 第五节 情报的组织与控制 ... 34

第二章 图书情报学应用科学 ... 38
- 第一节 图书情报学概要 ... 38
- 第二节 文献信息的组织与存储 ... 41
- 第三节 文献信息的检索与分析 ... 46
- 第四节 文献信息的咨询和读者服务 ... 49
- 第五节 知识与技术的应用 ... 56

第三章 文献编目与信息资源管理 ... 67
- 第一节 文献编目 ... 67
- 第二节 信息资源管理 ... 75

第四章 网络环境下高校图书情报服务与发展 ... 96
- 第一节 网络环境中的图书情报实践与学科建设 ... 96
- 第二节 数字图书馆相关技术及其管理 ... 101
- 第三节 云计算下图书馆自动化系统的发展及应用 ... 106
- 第四节 网络环境中高校图书馆及其读者的变化 ... 111

第五章 信息时代公共图书馆数据获取与学科支撑功能 ... 123
- 第一节 基于数据获取与处理的数据素养功能 ... 123
- 第二节 基于文献信息与数据的学科支撑功能 ... 136

第六章 大数据时代智慧图书馆知识服务 142
第一节 智慧图书馆知识服务理论 142
第二节 智慧图书馆知识服务框架 146
第三节 智慧图书馆知识服务过程 152
第四节 智慧图书馆知识服务模式 154
第五节 基于 P2P 的智慧图书馆知识服务模式 160

第七章 大数据时代图书馆移动服务 169
第一节 图书馆移动服务模式类型 169
第二节 图书馆移动服务模式的设计与实现 171
第三节 图书馆移动服务模式的优化策略 186

参考文献 198

第一章 情报学理论

第一节 情报工作内容与情报属性

一、标准情报工作的主要内容

（一）标准情报的价值及标准情报工作

标准是指对工业产品的设计、生产、品种、规格、质量及其检验方法和建设工程的施工方法、安全要求、技术术语及对经济管理、行政事务、工作方法等领域所做的统一规定。它以科学、技术和实践经验的综合成果为基础，并以特定形式发布，作为人们社会经济生活中共同遵守的准则和依据。标准情报是科学情报工作的重要内容之一，它除具有科技情报的共性之外，还具有多学科的综合性和法规性两个特点。标准情报的多学科综合性不仅表现在标准情报，包括产品结构、工艺过程、质量检验方法、外观装潢、包装储存、运输管理等标准、规范的制订、修订上，还包括经济情报、技术情报、经营管理、市场开拓等内容。标准情报的法规性表现在国家、地方政府对执行标准的法令性要求。

标准情报涉及的知识范围广泛，同时又具有标准和情报的特点，标准情报具有如下 4 种价值。

1. 科技价值

标准情报是经过严格的科学验证及精确的数学计算，用现代科学的综合成果和先进经验提炼而成。所以，标准情报是进行科学和技术提升产品开发的重要参考依据。

2. 情报价值

世界各国一般都规定 3—5 年就要对已有标准进行复审和修订，以保证标准的先进性和现实性。所以，不同国家、地方、企业的标准能及时而准确地反映了他们当代的科技水平。同时，标准的超前推广和应用预测了近期科学技术的发展趋势。

3. 使用价值

标准有明确的适用范围和用途，并且是该范围内所必须遵守的技术法规。因此标准所提供的内容具有强烈的具体实际意义。

4. 经济价值

标准情报是促进提高产品技术水平和质量水平的主要依据，是增强产品竞争力和开拓国内外市场的有力工具。合理使用标准情报能使企业获得经济效益。

标准情报工作是指对标准情报的搜集、整理、宣传、咨询，为企业提供服务的过程。标准情报的价值是显而易见的，标准情报工作的意义也不言而喻，没有标准情报工作，标准情报的价值就难以实现。

（二）加强标准情报工作

1. 标准情报工作的内容

标准情报管理，即标准化领域中的科技情报管理，是在标准化活动中产生的记录标准化科研成果和实践经验的标准文献，以及其他领域中与标准化相关的情报文献，有组织地、及时地进行收集、加工、存贮、报道、分析、研究并提供情报服务等一系列活动的管理。是一个满足用户与读者情报需求的过程。

情报管理是确保标准化工作顺利开展不可缺少的环节，在标准化系统中具有重要的地位。同时，它又是科技情报管理的一个重要分支。它的产生和发展都是由标准化发展的需要所决定的。如果离开了国内外广泛开展的标准化活动，标准化情报管理就失去了赖以生存和发展的基础。反过来，标准情报管理也促进了标准化的发展。可以说，标准化的发展在一定程度上取决于标准情报管理开展的好坏，取决于标准情报的利用率和吸收速度。

标准情报管理一般包括两个方面的工作，即以收集、加工、整理、存贮、报道和提供服务为主要内容的标准文献工作，以及以标准文献的分析、研究为主，并辅以实际调查的情报调研工作。

2. 加强标准情报工作的方法

（1）加强标准情报机构的内部建设

①下大力气丰富馆藏资源

一是致力于进行资金投入。近些年来，文献的价格在大幅上涨，尤以国外原版资料涨幅为甚，迫于经费紧张的压力，若全部的文献资料均以采购的方式来丰富馆藏不太现实的话，可以在部分采购的基础上，以复制的方式收集并不断更新的先进国家的各类标准及国内的标准、技术、法规等。二是以索取或交换的办法收集会议文献、标准化书籍、标准化期刊、标准通报等。拥有丰富的馆藏资源是做好标准情报工作的前提，标准文献种类繁多、数量庞大。因此，工作人员要勤查书目勤向有关部门联系，以扩大资料来源，在既定的收藏原则下，最大限度地收集到更多的文献资料。

在丰富馆藏的同时，切记要做好标准文献的修改、代替与作废的处理，这在标准文献管理中是一项经常性的必不可少的关键性工作。标准文献时效性强，需要定期进行修订、作废、更新换代（实践表明，过期的标准也有着一定的利用率，但是，从管理上考虑，被代替的旧资料要同现行的有效资料分开保存），并根据关于标准的修改、代替或作废的通知和报道，及时开展工作。

②注重人才的培养与管理

建立完善的用人机制：建立合理的用人制度。营造公平、公正、公开的用人环境是保障优秀的标准情报人员能够脱颖而出的有效方法。长期以来，将图书情报部门作为人情安排之选的单位不在少数，晋升论资排辈、工作或迁就照顾或求全责备都不乏见。从根源上讲，管理体制的陈旧是制约标准情报工作发展的主要原因，那么，建立符合本单位实际的岗位等级序列、公开岗位、考试与考核相结合、专业技术职务施行聘任制，是让所有的人员都能平等地参与进来作为吸引和留住人才的最佳途径；另外，可以通过聘请有关的专家、学者，确立标准情报工作的发展方向，带动情报咨询的多向进展；同时，进一步完善内部分配制度，打破大锅饭，以期真正实现一流人才、一流业绩、一流的报酬，这是盘活旧有的运行体制，组合一支高效、精干的技术情报队伍的有效方法。

积极开展标准情报业务培训，重视对情报人员的智力开发。标准情报人员的专业知识、情报知识和外语水平是直接影响标准情报工作效率和服务水平的重要因素之一。这里，我们强调的是对复合型人才的培养。以对代译服务的调查为例，实际工作中，可以发现代译服务占读者需求的13.5%，由于标准情报的专业性极强，工作人员仅仅拥有高超的外语水平是无法胜任标准情报工作的。因此，在知识经济时代，标准情报工作人员应一专多能，尤其要重视对多学科基础知识兼容并蓄，以便能创造性地开展标准情报工作。

（2）围绕市场经济，做好情报咨询与开发工作

用户在着手进行一项新的科研、设计工作时，需要清楚别人已经做了什么；产品要出口，企业需要及时了解国外的标准是什么；标准化部门在制订一项新的标准时，需要全面了解国外同类标准已达到了什么水平……这些都要求标准情报机构系统地提供与课题有关的标准情报资料。要做好情报咨询服务，需要随时掌握和提供标准的情报，只有这样，才能少走弯路，避免重复劳动。

标准情报咨询服务是整个标准情报工作中一个十分重要的环节，是对标准情报的搜集、整理、加工报道、检索和情报管理科学化的总体工作的一种检验。做好咨询服务，关键在以下几个方面。

①利用自身优势，抓好情报研究与开发

情报研究又称情报调研，是根据特定的需要，对情报进行定向选择和科学抽象的研究活动，是情报工作和科技工作相结合的产物。在标准情报工作开展的全过程中，情报研究是非常重要的环节，常见的情报研究主要是针对某一标准化专题，把实际调查得来的国内外全部有关的各类标准情报进行逻辑加工、分析与综合，得出该专题发展水平或发展趋势的研究报告。情报研究还包括：标准化方针、政策方面的情报研究、标准化发展水平、发展动态的情报、各国标准化工作的主要经验、教训方面的研究等。

②加强自我宣传，开展特色服务

今天的信息市场烽烟四起，商家林立，各类服务机构也凭借其各自优势接踵而至，分食信息技术咨询产业这块蛋糕，标准情报研究院所如果仍想占有一席之地，就要努力寻找对策，迎头参与竞争，如果不及时调整自我，就有被淘汰出局的可能。事实表明，近一两年来，在标准资料这一块我们已经失去了许多用户，因此，一方面要立足本身系统性、专业性的特点，及时

更新标准文献，通过主动服务赢回老用户。另一方面，做好市场调研，在传统的服务项目中融入新的服务方式和服务方法，以满足用户所需，吸引潜在新客户。

必须重视自我宣传。作为专业标准情报机构，其多年积累下的丰富经验及专业性是其他任何服务机构所无法比拟的，也是这块招牌的特色所在。但是在众多的服务机构面前，坐等是会丧失机遇的，因此，还是要通过多种渠道和方式进行自我宣传，重新打造专业咨询的品牌，以高品质的服务赢得用户认可。同时，找准切入点，取其所长，开展特色服务，在全球经济一体化的今天，凭借自身标准情报专业机构的技术优势，积极为企业会诊，由专家牵头，予以技术指导与咨询，使其标准达到先进水平，使其产品走出国门。

③扩大文献深加工，开发新的服务形式

预见性和超前性是标准情报信息的特征。标准情报资料数量繁多，用户无法详细阅读、查阅、检索所需文献，鉴于此，我们制作了"化工产品标准全文检索系统"，在调查统计的基础上（包括对用户的基本情况、工作的内容、目的计划、现状前景等方面的了解），有针对性地推出自己的服务产品，以满足用户的需求。随着标准化事业的发展，标准情报需求的增长和情报工作的深化，标准情报人员只有注重捕捉、搜索信息，开发新的服务形式，才能给用户提供满意的服务。

进入21世纪，伴随经济、技术和贸易的不断进步，特别是随着我国加入WTO，标准化的技术基础地位也越来越重要。因此，加强标准情报工作，摸索一些标准情报咨询服务的新途径、新方法，不仅可以为机构本身带来良好的经济效益，还可以在服务于企业、服务于社会的过程中，为促进社会进步和生产力的发展发挥积极作用。

二、情报的基本属性

（一）离散分布原理

信息、知识和情报是以离散形式分布的，在离散分布基础上趋向集中。由于信息、知识和情报的离散分布是绝对的、复杂的，所以我们才需要研究如何用科学的方法获取情报密度最大的情报源，为用户情报需求提供最优服务。情报源实际上主导着整个情报活动，对情报分散规律的研究也将揭示情报学具有奠基性的定律。

信息、知识和情报的离散分布表现为其内容单元以不同的方式从不同的角度分散于各种著作或不同形式的载体中。情报的离散分布具有复杂的机理，本质上是由知识体系自身的分化和综合决定的。与情报的生产、利用，情报的累积性、再生性、老化性及创造者的独立性有密切的关系。情报的离散分布现象是全部情报活动的基石，迄今对情报离散分布现象研究最负盛名的成果便是我们大家熟知的布拉德福定律，该定律研究和揭示了相关论文在科学期刊中的集中分散现象，被公认为是情报学的基本定律，它与描述科学生产率分布的洛特卡定律、词频分布的齐夫定律、文献增长老化的指数定律具有共同的渊源和机理。

布拉德福定律在研究中创造了一种重要的方法即频次—等级排序法：按某一具体事项（如文章、作者、词等情报单元）在其主体来源（如期刊、作者集合或词的集合）中的出现的频次按递减顺序排列起来，就会导出布拉德福分布。这种分布不仅仅存在于文献情报领域，在许多其他领域，尤其在社会科学领域内更是一种常见的分布现象。如城市按人口的分布，居民收入多少的分布、书籍按页数的分布、生物的属按其种的分布等，只要我们将主体来源按某一具体对象出现的频次排序，就可以得到类似的分布。布拉德福发布的特点在于我们所考察的具体对象（如文献单元）大多数集中于少数主体来源。如某一主题的科学论文约三分之二集中在少数期刊上，而其他三分之一分散在大量期刊上；大多数作者一生只能发表1—2篇文章，而为数不多的一些作者却成果累累，一生发表几十篇甚至数百篇文章；人们写文章时，总希望选择常用的、传递功能强的词；社会财富总是集中在少数人手中，而不多一点则被绝大多数人分享。这实质上是情报离散分布基础上形成的核心趋势和集中取向，是"成功"累积的结果，也是"马太效应"的表现形式。

布拉德福定律的研究虽然取得了突出成果，但也存在两个明显的不足：其一，对情报离散分布的机理研究得还不够深入；其二，对情报离散分布规律的研究还停留在宏观水平上，即对期刊上发表的科学论文分散规律的研究，而在微观层次上对情报离散分布的研究即在内容单元（而不是文献）和内在逻辑联系层次上的研究仍不多见。尽管埃格希和鲁索出版了《情报计量学引论》，但在论及情报的分散规律时，仍然是以宏观层次的文献为基准。这说明，情报离散分布在微观层次上的研究难度较大，而微观层次的研究不仅反映情报的真实分布,并且其分布模型将是情报学突破经验层次上升为科学的关键。

情报的这种离散分布或核心趋势(马太效应)是怎样形成的呢?如果仅就布拉德福定律所研究的期刊论文而言,可以这样设想:在某一新的学科中,写第一批论文时,人们首先寄给最合适的期刊,并在其上发表。这些期刊伴随着该学科的发展,刊载越来越多的这类文章,于是著者都希望把他们的文章发表在本专业领域的过去已经发表了大量高质量论文的这类期刊上。投稿数量大幅度增加,使期刊选择性增大,因而对文章的质量要求提高,期刊的威信也随之日益提高,便产生了一些带"核心"性质的期刊,这就是文献情报分布中的"集中"趋势。与此同时,有关这一学科的文章也在其他相关期刊上发表,便又产生了文献的分散现象。如果我们从具有普遍意义和一般性人类情报行为出发解释这一现象,就会发现这种离散分布所导致的集中趋势是人控制的选择行为在起决定作用。在这种选择作用下,当一系列同类对象被人选择时,就会出现有的经常被选择,有的不常被选择。这种频度不均的选择使得对象的特征信息更加突出,又会反过来作为再次被选择的依据。如果我们把对象受到一次选择看成一次成功,那么这种成功的累积必然容易导致新的成功,普顿斯用累积优越性函数来描述这一过程。这便是情报分布中出现马太效应的根本原因。

布拉德福定律揭示的不仅仅是情报的离散分布,而且又揭示了离散分布基础上的集中取向和核心趋势,它所创造的频次—等级排序法和对马太效应的深刻解释都具有普遍意义。如布鲁克斯指出,"排序是人类最基本的活动,人们学会讲话和数数之前就懂得按照事物的某一特征进行排序"。排序也必然是人们获取情报信息的重要手段,因而是人类情报过程最基本的特征。频次—等级排序法有两个明显的特点:①按照对象的重要程度为序直接表示出分析的数据,提供丰富的信息,有助于认识事物的特征;②频次—等级排序法无须任何统计理论或概率假设为基础,就能对事件直接进行分析和解释,应用方便,不受理论约束。这些特征对于分析复杂的人类情报现象和情报过程都是十分有价值的。不仅布拉德福定律,著名的洛特卡定律、齐夫定律等都是通过这种简单的排序而得到的,故又称其为布—齐分布系。

通过这种排序揭示的情报对象离散分布的反向趋势——集中取向(马

太效应）更使人们看到，相互矛盾、对立的情报现象和情报过程实际上是高度统一的。

（二）有序性原理

情报结构无论是以自然系统存在还是以人工系统存在都具有某种"序性"。研究和揭示这种"序性"，是设计最优情报系统的基础。

情报结构的有序性来源于科学体系的有序性和人创造过程的有序性。情报的产生在许多情况下可能是随机的、无目的的，但它们一旦被生产出来并进入知识体系，成为科学结构中的一分子，便具有特殊意义。它们可能属于知识体系的不同级别（事实，假说、构想、理论等），在知识体系结构中具有不同的功能，但都会通过知识的自组织而形成有序结构。这对于自然科学、技术科学等累积性特别强的学科尤其如此。其他类信息不存在像科学体系一样的自组织结构，而是人工建造的各类信息系统使其有序化。当新信息进入这些系统时，必须有人的干预和调整才能实现有序添加。否则，输入的信息越多，系统就会越混乱。当然，情报在知识体系中的有序性结构并不意味着它能自动生成有序的情报检索系统，只是表明我们可以通过情报的有序结构研究情报的规律和组织，建设更有效率的情报系统。

情报的有序性结构既来自情报创造过程的机理，也来自知识体系自身的自组织功能。前者是主观知识结构的有序过程，后者是客观知识系统的有序结构。无论是主观知识结构还是客观知识结构，都是开放系统，它与外界处于不断的知识，情报（还包括物质、能量）交换过程中，可以形成类似于普里高津提出的"耗散结构"。普里高津发现，一个开放系统处于远离平衡态的非线性区时，一旦系统的某个参量的变化达到一定阈值，通过涨落，系统可能发生突变，即非平衡相变，由原来的无序混乱状态转变到一种时间、空间或功能有序的新的状态。这种有序状态需要不断地与外界交换物质和能量才能维持，并以此来保持一定的稳定性，不因外界的微小扰动而消失。普里高津把这种在远离平衡态的非线性区形成的新的稳定的有序结构，称之为耗散结构。这种自行产生的组织性和相关性被称作自组织现象。所以这一理论又叫作非平衡系统的自组织理论。

根据耗散结构理论，这个开放的知识系统的熵变化为：$ds=des+dis$ 式中，des 为系统与外界交换的熵流；dis 为系统内部的熵产生。dis 来源于知识系

统（结构）中知识单元数目的增多，知识体系的复杂、冗余无序，知识的老化和陈旧等。为了维护和提高知识系统的功能，要求 ds < 0，即必须 des < 0，且 |des| > |dis|，也就是说，需要由外界向系统输入足够的负熵流。输入的负熵流除了维持大脑活动的物质和能量外，在这里主要是知识信息。所以，情报对知识系统来说，是一种负熵流。

负熵流有可能使远离平衡态的开放系统形成有序结构。一个知识系统、知识增长过程实质上是输入情报使知识结构由无序走向有序或从一种有序结构演变为另一种有序结构的过程。游离态的"知识单元"一旦实现了有序重组，就意味着新知识新情报的产生，便伴随着知识的增长而拓展。知识体系或知识结构之所以具有自组织功能和有序性，正是因为它能随着情报的产生、输入、输出不断形成耗散结构。耗散结构理论同时也指出，当负熵流输入时，系统只有远离平衡态才可能形成新的有序结构，在近平衡态时，新的有序结构不可能出现。情报作用于不同的知识结构时，效果也不一样。用耗散结构理论解释这种相互作用，如果输入的情报与原有知识结构处于近平衡态，即在原有知识系统"规范"之中时，它只能有序地融入或链接到原有知识结构中，增加原有知识系统的知识量；当其与原有的知识结构处于远平衡态，即只有突破原有的"规范"才能产生新知识时，就有可能形成新的有序知识结构，推动重大的科学发现。

情报结构的有序性充分体现了情报生产过程中的自组织机理，如知识生产中的引文系统、网络链接系统和 RSS 中的知识信息聚类，都说明情报的有序化自组织功能存在。

知识体系（知识结构）的自组织功能和情报的有序性使其在长期的累积中形成了一个有规则的系统。遗憾的是我们迄今还不能按知识结构自身的有序规则来组织情报，建立情报系统，而是创造另一种标引和检索体系，按情报载体的外部特征或情报本身的内容特征来标引和组织情报系统。这样的系统虽然考虑到了人们利用情报和知识的特征与习惯，但却忽视了人的创造过程和情报本身的有序性规则。因此，建立在这种基础上的情报系统即使采用了最先进的信息技术也远未达到应有的质量和效率指标。布鲁克斯的"知识地图"正是利用情报的相关性和有序性原理来构建新型情报系统的一种有益的探索，如果这样的系统能够构建成功，那么情报学将会取得突破性进展，人类社会的情报危机也会得到有效遏制。

有序性原理表明：无论是主观知识结构还是客观知识结构，也无论是通过自组织产生的情报结构还是人工建造的情报结构，情报单元一定是以开放系统形式存在的，而且唯有如此，情报才能得到有效积累和利用。

（三）相关性原理

任何一种情报结构都是按一定规则相互关联的。研究和揭示情报相互关联（即相关性）的规律和规则，是有效组织和检索信息、知识、情报的基础。

情报学的主要任务之一是要解决"找"的问题，即用户查找自己相关的情报，因此相关性一直是情报学关注的重要课题。情报学中的相关性实际上存在于两个方面：一是用户的情报检索，另则是客观知识体系的自组织建立起来的相关性。迄今为止，相关性研究仅仅注意到了前者却忽视了后者。这不能不说是一个巨大的缺陷。

1. 情报检索中的相关性

情报检索的相关性包含系统相关和用户相关。系统相关性主要研究用户情报需求的描述和表达与系统文档描述之间的相互匹配关系，它涉及情报检索系统的分析、设计、算法、性能、评估等要素。相关性是查寻表达式与文档内容的一致性，即文档所涵盖的内容对查寻表达式的适合程度。这一定义实际上包含三个基本假设：查寻表达式中的主题词能够描述用户真实的信息需求；赋予文档的主题词足以概括文档包含的内容；检索匹配的结果恰为用户真实的情报需求相关的文档集合。

系统相关性描述了情报检索系统内部的情报组织机制和方式在多大程度上适合或匹配用户检索的要求，意味着所有检出的信息都是与用户相关的，同时主题词在表示内容或意义方面必须精确且一致。在这种的假设下，如果甲和乙输入相同的检索问题，会得到完全相同的输出情报。这种纯以主题决定相关的做法实际上隐含着情报检索系统的设计和情报组织方式能自动地匹配用户需求。这些内隐的相关性概念实际上包含词汇选择的相似性、语法结构的相似性、词频的相似性、概率的相似性。显然，这方面的相似性都体现了系统的形式或语法上的相关而不是实质或语义上的相关。系统相关明确地描述了情报检索以及情报检索系统运行的目标。它揭示情报表示、组织、匹配等在系统控制中的相关结构和相关过程，并通过情报检索系统的广泛应用取得了成功。

用户相关性指用户及用户检索代理者与检索系统之间的关系。这类相关性是主观的，在信息检索过程中，既涉及用户（或检索代理）的认知或知识储备，又涉及用户所处的情报问题情景。显然这类相关性受到用户偏好、兴趣、提出信息问题的时间、相关程度、完整性、信息价值、实用性和针对性等要素的影响。用户（或检索代理）在情报检索过程中与情报检索系统的相互作用关系、作用过程或结果表现为系统对用户情报问题的匹配程度，这种匹配程度可以用一致性、效用、关联度、满意度、适合度、关系等指标加以评价。可见，如果没有相关性，情报检索系统就不可能存在，因为任何情报检索系统都是用一定的方法将相关的情报集中在一起，供用户检索所需情报的结构。没有相关性，用户不可能获得自己所需要的情报。相关性是连接系统和用户的桥梁，同时又是约束系统和用户的潜在规则。

无论是哪一类相关性，实质上都是指情报用户（主体）与情报（客体）之间的关系，这种关系对情报检索系统组织、设计、分析、算法都形成约束。而情报主体的情报问题和情报需求多种多样，知识储备的各不相同，这使得情报检索系统的组织设计异常复杂。情报主体与情报客体之间普遍存在的相关性便成为情报学的一种基本现象，揭示这种基本现象的原则和思想显然是情报学最基本的原理。

2. 知识系统中的情报相关性

根据信息链的结构，情报必定是进入科学系统的某种知识。由于知识上体系的整体性、综合性、继承性、累积性和国际性，使得情报在纵向和横向都有极强的相关性。在纵向，情报的不同的级别之间存在着内在的逻辑联系；在横向，各知识领域之间是一个不可分割的整体，其情报单元自然也相关联。情报的这种逻辑上的相关性是其他类信息（如市场信息、娱乐信息等）没有的，这对情报的组织、存储、检索具有特殊的意义。

传统的各种情报标引和检索语言是基于文献情报的相关性采用概念逻辑划分来组织和存储情报的。任何一种情报标引和检索语言，无论是词语的还是符号的，都是表达一系列概括文献情报内容的概念及其相互关系的概念、标识系统，它们都是建立在概念逻辑基础上的。而概念逻辑正是一种科学思维方法，它能揭示事物的本质属性及各种事物之间的联系与区别，而概念则是事物本质属性的概括。情报是人们认识的成果，正是通过各种概念来加以抽象和概括的，所以文献情报的内容只有用概念才能加以科学的表达和揭示。情报的相关性便可以反映为概念之间的关系，对概念的内涵进行限制，外延实施划分便可组织起相互关联而有序的现代情报检索系统。

情报的相关性在不同的学科领域是不同的，一般来说，在自然科学和技术科学领域，其相关程度较大，而在大多数社会科学、人文科学和管理科学中相关程度相对较小；这是由科学的累积性决定的，科学的累积性实质上是情报在时间轴上的压缩现象，即科学知识趋向日益提高的抽象水平。这种现象导致过去各时代创造的科学情报总量的减少，虽然这种减少与新的情报的指数增长相比并不明显。但是累积程度越大，相关性越强，尤其是像数学、物理、化学等具有发达的形式化语言和严格推理规则的科学中，许多领域都已交叉渗透、难分彼此、浑然一体，人们很难区分它是哪一个学科领域的情报。情报的相关性还可实现更深层次的知识组织，这方面有代表性的研究便是布鲁克斯提出的"知识地图"，即对文献中记录的知识的逻辑内容进行分析，找到人们思考与创造的相互影响及联系的节点，然后像地图一样把它们直观地标示出来，以展示知识的序性结构，为用户提供纯情报。

绘制人类知识地图是一个极为复杂的课题，现在还没有行之有效的方法，布鲁克斯只是在小范围内进行了试验研究。他利用关系索引，把液晶方面的部分论文索引构成为一个网络图，试图展示知识创造的逻辑关系。当他正在进行这项工作时，他从斯摩尔的研究成果得到了启发。斯摩尔对一组生物化学家之间的引用进行研究，引用结果表现为这些科学家相互的强烈影响，斯摩尔试图揭示究竟是什么思想、观点使得后继论文引用。如果可以用简单的陈述来表达被引的思想和观点，而这些思想和观点又可以抽象为有限数量的概念，就可以在一个网状图中显示它们如何导致了一个重要发现。这样就得到了一个更为直接的"知识地图"。如果利用关系索引就可以较为准确地表达概念之间的关系，将文献网变为由知识单元直接连接的概念网，使知识体系从外部宏观结构改变为内部微观结构。这些尝试对情报学的相关性及许多课题都具有很高的理论价值和实践意义。

当代信息技术高度发展并广泛应用于信息处理，使得情报组织正朝着自动化、集成化和智能化的知识组织方式发展。由于信息和知识爆炸式地增长，沿用过去的文献组织（如分类法和主题法）和信息组织方法（如文件方式、数据库方式、主题树方式和超媒体方式）已不能解决大量资料和信息的合理利用问题。文献组织主要以文献为对象，它所要解决的是告诉人们有什么文献或知识；情报组织则不再局限于文献形式，而是将某一方面大量的、分散的、杂乱的信息经过整序、优化，形成一个便于有效利用和交流的过程。基于此，人们发现知识组织的目标不应该再停留在简单的对知识进行存储、整序，而应该是通过融合分析、归纳，推理等方式来实现知识表示和知识挖掘的过程。专家系统中的知识库可以说集中了当前常用的知识表示方式和知识组织方式，相关性正是这类系统的灵魂。如果是科学情报系统，相关性应当成为知识表示方法和知识组织方式的基础，这样系统才更有效率；如果是非科学情报系统，系统的智能会发掘和生成资料之间的相关性，从而达到产生新知识的目的。可见相关性原理并未随着信息技术的应用而减弱或消失，而是在信息技术支持下发挥着更为重要的作用。

（四）易用性原理

人类交流、获取和利用信息、知识、情报总是趋向简捷、方便、易用、省力。研究和揭示人类情报行为追求易用与省力的特征、规律都可以使情报获取和情报服务的成本最小，效益最大。

对易用与省力原则的研究最早集中于人类信息交流的基本工具——语言领域，在这方面做出杰出贡献的是美国哈佛大学语言学教授齐夫。他在前人研究基础上，收集了大量资料并通过实验观察，发现自然语言词汇的使用服从一个简单的定律，他称这一定律为"最小努力原则"。

按齐夫的说法，当我们用语言表达思想时，我们就像受到两个方向相反的力的作用"单一化的力"和"多样化的力"的作用。这两种力的作用表现在人在谈话或写文章时，一方希望尽量简短，另一方面又希望尽量详尽。如从这一观点出发，说话者以只用一个词表达概念最为省力，而听话者以每个概念都能用一个词表达理解起来最为省力。"单一化的力"和"多样化的力"相互作用，取得平衡，使自然语言的词汇出现频次呈双曲线。

研究证实，齐夫定律不仅适用于自然语言，而且适用于人工语言，因而又被应用于情报的组织、存储和检索领域。例如，怎样进行词汇控制、编制什么规模的词表，选用多少词，根据什么选词都必然涉及齐夫定律。学者们按照齐夫的词频分布方法，通过标引试验，得到被标引文献与叙词使用频率的分布特征，最后确定符合使用频率的词，编入词表，再不断根据标引实践反馈修改，使词表既满足实用，又不致规模过大。在自动分类和标引中，频率太高的词和频率太低的词因其在检索中的价值不大都不能用于标引或表示应入类目。也需要通过对词频进行统计分析，筛选出适于标引的词，或者与一个特定的分类系统比较，进行分类处理。在清报组织中，不同属性的字段（著者字段、篇名字段、主题字段等）都是由词组成的。为了控制一个倒排档的大小，就要考虑到排档中每一个词在不同记录中出现的次数，加以统计排序，选出最适合的词，将倒排档控制在对信息组织和用户来说都是"最省力"的规模。

齐夫定律所描述的省力法则虽然发源于语言应用领域，但他实际上注意到了这一法则更为一般的意义，各个不同领域中最短路线的选择和确定问题都与此有关。例如，企业供应商和库存地点的选择、社区供货点的位置、交通路线安排、通信路线架设等，都涉及最短路径寻求的解决方法。就是在图书情报领域，齐夫定律也不仅仅是应用于语言文字有关的问题，也涉及最短路径的选择问题。已有学者将其应用于设计图书馆，文献中心资料库的排架，以使得资料出纳员在存取资料时所走路径最短。这方面最富想象力和创意的就是提出图书馆或文献中心不按传统的分类排架，而按资料使用次数多少以出纳员为中心按辐射状排架，使用频率最高的资料离出纳员最近，使用频率较少的资料则放到离出纳员较远的位置。齐夫定律还可以帮助我们合理地选择公共图书馆和情报中心的地点位置，使得各类用户能方便到达。现代运筹学已经介入这些问题的研究，并取得了很好的成果。使得齐夫描述的省力法则，得以从经验观察统计上升到严密的科学抽象。

第二节 情报源与情报获取

一、情报源

（一）文献情报源

文献情报源是情报源的主要类型，指能够满足用户情报需要的文献。

这些文献记载着人类世世代代认识世界、改造社会的知识和经验，汇集着大量的科学理论、方法、假说、定律、数据和事实，反映着科学技术的成就和水平，是人类从事生产活动、社会实践和科学实验的历史记录。几千年来，文献作为情报的载体，一直是人类了解过去、认识现在和预测未来的重要依据，是传播情报的主要手段和途径。所以人们早就习惯于从文献中获取情报，并把它看作是情报的源泉。

文献的类型通常概括为十大类：专利文献、政府出版物、标准文献、学位论文、产品样本和档案文件。构成情报源的各类文献最便于传播和利用。它们是科学、技术工作的结晶，是确认科技人员对某一项发明或发现具有优先权的基本依据，是衡量科技人员创造性劳动效率的公认指标，属于人类社会的精神财富。

（二）非文献情报源

情报源的一种类型。分为实物情报源与口头情报源两种，前者包括实物与样品、展览、电影、电视、录像等通过直观或听觉获取的情报源，后者包括会议、交谈、录音、广播等通过语言传播的情报源。

1. 非文献情报源——实物与样品

科研或生产单位对实物或样品进行解剖分析，可从中得到重要的直观情报，从而加快产品研制或仿制的速度。其特点是形象直观，内容具体、技术成熟可靠，容易检验和仿制。

2. 非文献情报源——展览

获取工业技术情报的极好场所。是工程技术、产品设计和经营管理人员的重要情报来源，包括科研成果展览、工业产品展览等。在工业产品展览会上，可获得关于厂商的技术现状、生产规模、产品发展动向与水平方面的情报，以及关于产品外观造型、性能、经营、销售等方面的情报。此类情报源的特点是情报量大，内容具体、直观，技术成熟，并附有文字材料，可进行比较鉴别，取其精华。

3. 非文献情报源——科技电影、电视和录像

一种能直接记录声音和图像的情报源。物体的高速运动，罕见的自然现象，瞬息万变的物理过程，都可以拍成电影、电视和进行录像，把自然界千载难逢的现象记录下来，对探索未知有独特的启发作用。这种影视情报是传播情报、促进科研的有效手段。它们一般可概括为六类：①科普类；②科

学研究类；③工程技术类；④科技新闻类；⑤宣传类；⑥广告类。电影、电视和录像作为交流情报的工具是20世纪60年代才开始的。随着摄影、录像技术的发展以及航空测量、地球卫星通信等手段的引入，它们已成为一种独特的重要的情报源。

4. 非文献情报源——会议

地方的、国家的和国际的会议，作为交流情报的论坛，是传播和获取情报的一条重要渠道。科学技术研究成果的原始情报，通过会议进行交流比通过期刊交流要早一年左右，而且更为直接。科技会议的内容学术性强，是了解国际和国内科学技术水平、动态和发展趋势的极好场所。这种情报源的特点是传播情报快且早，内容新颖、丰富、专深，能反映最新的成就和问题，可对科学研究起重要的指导、参考作用。

5. 非文献情报源——交谈

人们交流思想最常用的形式，也是情报直接交流的基本形式。直接交谈是科学工作者沟通思想的主要方式之一。同行之间的交谈，往往互相启迪，联想推理，智慧交锋，因而能产生许多新观点、新苗头，如善于加以捕捉，会获得重大情报。通过口头交谈获取情报的优点为：费时少，速度快，具有高度的选择性和针对性；反馈迅速，对任何问题都可立即澄清并根据需要加以探讨和修正；能根据交谈时的气氛、语气、手势、暗示等领会要旨，并易于对所得到的情报做出恰当的评价；可以了解到不写进文献中的许多细节，这些细节往往更有启发借鉴的作用。

6. 非文献情报源——录音和广播

虽然也属口头情报源，但与直接交谈略有不同。直接交谈比较主动，可以有针对性地探询。录音和广播只能被动地接收。录音的特点是针对性强，可以反复听。广播的特点是快和新，是获取最新科技和经济情报的源泉。它们作为情报源有及时、面广、易懂、易于接受等优点。但随机性强，筛选率大。

就整体来说，情报源具有下列特点：①客观性，指情报源在空间和时间上都处于确切的位置，是客观的存在。②相对性，情报源是相对的，某情报源对甲来说是情报源，对乙就不一定是情报源，是用户的情报需求不同所致。③价值性，指情报源对人类是有益的和实用的，具有一定的价值。④累积性，指情报单元的汇集是形成情报源的必要条件，情报源是通过不断积累形成的。⑤离散性，指情报源不是连续的，因为情报的产生是断断续续的，它在空间和时间上的存储也是分散的。⑥长寿性，指情报源不同于消耗的物质资源，其中情报的使用寿命相当长，通过对某些情报的整理加工，还可产生新的情报。

二、情报的获取

竞争情报是指一个地区或企业为了取得市场竞争优势，对竞争环境、竞争对手进行的情报获取、情报分析与研究，从而得出有利于提高本地区或企业竞争力的策略和方法。从事竞争情报活动，要求遵循一定的规定和准则。随着各国商业活动竞争的加剧，竞争情报活动所受到的约束越来越多。以至于各个企业获取竞争情报的方法路径也越来越茫然，因此，探讨竞争情报的获取方法在各国商业活动竞争的加剧的时候，变得更有一定的现实的意义。

（一）竞争情报对企业的影响

1. 对企业自身经济的影响

在传统的观念中，企业的经济的好坏主要与这个企业的老总能力的大小有密不可分的关系，随着各种各样企业的产生，以及不同专业的出现，一个企业经济的好坏和一个企业老总个人能力的大小已不再处于至关重要的地位，而代替个人能力的是这个企业的老总能不能正确处理各个部门获取的竞争情报。可以说一个企业的经济能不能支持下去与企业的老总的决断能力有着密不可分的关系。随着全球经济一体化趋势的强化及竞争环境的日趋恶劣，竞争情报已受到越来越多部门的注意和重视，并有许多组织机构开展了竞争情报工作。这时企业对竞争情报的获取就更加重要。

2. 对企业竞争环境的影响

随着情报的获取方法的多样化，企业竞争环境也受到一定的影响。竞争环境是指企业在市场中所处的地位和条件。由于竞争环境中包含了许多可测和不可测的要素，大多数情况下，企业在市场竞争中失败的原因不是自身实力太差而造成的，而是由于对外部环境没有足够的认识。为了使企业能够在生产经营中不断适应竞争环境的变化并做出积极的反映，竞争情报研究应根据企业的宗旨和目标，对企业的外部环境、内部优势、行业现状以及市场机会等各方面进行系统而具体的分析。可以说竞争环境对企业的发展起着至关重要的作用。如果你获得了非常重要的竞争情报，那么企业的竞争环境也就会随之提高。这样企业的竞争也就面向多样化和广泛化。

3. 对竞争对手的影响

竞争情报涉及竞争对手生产经营的方方面面。这样企业就可以充分了解竞争对手的实力，监视竞争对手的每一步行动，预测竞争对手可能采取的行动策略，并结合本企业的实际条件，制定出切实有力的竞争策略。这样不仅会使自身的企业发展有更好的保障而且会使竞争对手的企业处于可能破产的状态。只有经过竞争情报的分析和自己企业经济实力的评估而做出的一系列的决断，才是我们做出的应对竞争企业对的措施，例如对一些企业上的手段是打击弱者还是还击强者，是攻击远竞争者还是近竞争者等等的行为做出了铺垫。

（二）竞争情报的特征

1. 竞争情报的对抗性

竞争情报不是竞争对手主动给予的，而是在竞争对手不知道、不协助、甚至反对的情况下进行的。在激烈的竞争中，竞争情报人员不但要竭尽全力采用各种方法如文献收集、市场调查、高新技术监测、反求工程等有效地搜集情报，而且要采取多种措施保护本企业的秘密信息，防止竞争对手窃密或通过隐蔽的竞争情报手段获得。因此，竞争情报具有强烈的对抗性。

2. 竞争情报的智慧性

在竞争情报分析过程中，竞争情报分析员要融入较多的智力活动，包括分析推理、审时度势、战略分析、创新性思维、超前预测等。通过思维创新发现新效用、创造知识的新概念、产生管理新理念，通过方法创新，去伪存真，筛选利于决策的情报

3. 竞争情报的合法性

为促进竞争情报事业的健康发展，在从事竞争情报活动时必须严格的采用合法和合乎伦理道德的手段获取信息。据调查，在企业想要得到的竞争情报中约有95%都可以通过合法的、符合道德规范的途径获得。竞争情报不同于工商间谍活动，竞争情报强调采用正当的、合法的手段搜集各式各样的信息，如新技术、新产品、行业情报、市场情报、政策情报等。

（三）竞争下竞争情报的获取方法

1. 获取竞争情报的公开渠道

在当今这个信息时代，信息的传播和获取有不同的渠道和方法。公开渠道是我们每一个竞争者都能获取竞争情报的渠道，同样也是竞争比较激烈的一个区域。一个企业能否继续发展和生产下去，就看这个企业能否抓住这个竞争比较激烈的区域了。

（1）专家访谈法

通过对政府主管部门、行业协会学会、研究机构、专业出版物、龙头企业、经销商等多方面的专家的访问，从中了解所研究的企业现状，及市场现状和趋势，技术水平及发展等，并对企业和市场的未来发展预测提供数据。使企业走向正确的发展道路，不至于使自己的企业走向低谷甚至于破产的状态。

（2）电话访问

通过计算机网络对下游的顾客进行电话访问，了解下游顾客的需求和对目标产品的使用和态度。帮助寻找潜在顾客的市场。积极听取顾客的意见，顾客的意见就像是久旱的甘霖，使企业的发展美到心底。

（3）深入访问

利用遍布全国的地区代理网络进行重点企业及经销商的深入访问，必要时可以组织成员以参观的名义，向大型企业进行访问和考察。观察他们大型企业的运行方式及产品的生产方法。

（4）向消费者访问

入户访问，以及在街道上拦人访问，街头定点访问等访问方式，向消费者询问产品的失误和不足，然后由产品设计师对产品进行改进，以至于以后再生厂的产品能够使消费者满意。

（5）问重要客户

许多公司的客户既买本公司的产品也买竞争对手的产品，这些客户直接关系到公司的销售业绩。因为他们是同行的争夺对象，如果他们对同行展示的新产品非常了解，是公司的重要信息源。有时客户愿意如实告诉你竞争对手的产品、服务及定价，是因为这有利于他处于更好的侃价地位。向客户了解情况另一有效的方法是密切参与客户的活动而从中获取有价值的信息。

（6）问竞争对手

打电话或索要其销售宣传资料，把自己的名称登入邮寄品名单中，便于定期得到销售和接寄的东西来监测竞争对手。

（7）从企业的垃圾中获取

在传统的人们的眼中垃圾就是那些没有一点用途的东西，可是对于一个企业来说垃圾可能是他们走向破产的关键因素，同样对于一个具有竞争意识的企业来说垃圾就像是甘甜的美酒入口香醇可口、美不胜收。企业可以从竞争对手的企业垃圾中得到一些有用的信息甚至于是重要的竞争机制。从他们的垃圾中化验出生产所需要的成分及一些添加物等。

2. 获取竞争情报的非公开渠道

也许人们都认为在企业竞争中，公开竞争是每个人应该做到的。只有这样才能使两个经销商在一起合作的时间够长，也只有这样才能使竞争得到更好的解释，但是并不是每一个经销商都能做到。再说当今的社会是一个金钱的社会。因此，获取利益才是否两个经销商能否再次合作的关键。因此非公开渠道获取竞争情报更成为企业竞争的关键，成为一个企业经济的测量柱。

（1）从竞争企业员工的获取

在当今的社会不仅是一个人才的社会更是一个关系的社会。有一个好的人际关系更胜过拥有一个丰厚家底的富翁。说话是每一个的人的天性，俗话说祸从口出，可是对一个能够从对方的口中听取情报的人来说可以说是富从耳来，他们能够从对手企业员工的口中听取对自己企业有利或不利的信息。这样就可以使自己的企业更加完好。

（2）从经销商获取

经销商他们买货不是自己用，而是转手卖出去，对于他们只是经过手，再销售而已，他们关注的是利差，而不是实际的价格。企业对他们不是赊销，而是收到了钱的。这个商是指商人，也就是一个商业单位。所以"经销商"，一般是企业，用来说从企业拿钱进货的商业单位的。这样可以根据经销商对金钱的爱好，给他们更多的利益，是他们成为我们摧毁其他企业的一张底牌。

（3）从供应商获取

可以提供的信息包括对手的生产产量或生产计划安排，供应商向对手供货的数量（间接推算其产量），根据供应商的生产效率和能力，以及本公司的需求数量，间接推算竞争对手的需求量和生产规模。

（4）从行业协会获取

世事无常，因此一个企业要想在当今的社会上能够站稳，就必须要和其他企业一起站在同一条战壕之中，只有这样才能在面临危险时相互帮助，一起共渡难关。这就叫作行业协会，它的作用不仅是在企业危险时能够一起共渡难关，在"和平时代"它将成为企业获取其他企业竞争情报的重要方法。

3. 从计算机网络获取竞争情报

当今社会是计算机的时代，计算机的应用也越来越方便。同时也是获取竞争情报的重要路径，我们可以从计算机上获取竞争对手一些企业的管理模式及一些新产品的信息，从这些产品的信息之中获取一些自己要改进的技术和需要加入的成分。同时我们可以利用计算机信息的不定向性获取一些自己企业和除了自己竞争企业以外的信息，以至于使自己的企业在自己的行业外也有自己的发展空间。这样企业才可能会处于不败之地。

竞争情报的获取是每一个企业，都要做的程序，我们应该根据自身企业的发展环境和发展方向做出判断，就像古语说的"学习如逆水行舟不进则退"对于一个企业来说，如果不能在自己的现状上发展起来就会被别的企业所超过，以至于使自己的企业没有再次步入市场的可能性。因此我们应该从多方面获取竞争情报，来使自己的企业更加繁荣富强。

第三节 文献情报交流的规律

一、情报文献的无序化缘由

从现有情况来看，情报文献管理的无序化状态是普遍存在的，且有不断加剧的趋势。究其客观原因，主要有两个方面：

首先，文献数量的迅猛增加，使无序化状态呈增长趋势。据推测，人类科学知识在19世纪是每50年增长一倍，到20世纪70年代每5年便增长一倍。联合国教科文组织的统计也表明，20世纪80年代初期世界图书的年出版量为70万种，年发表100万篇社会科学文献。可见，人类知识总量在近几十年来的增长速度是很快的，文献的累积量已达到了惊人的程度。再加上现代科学技术日趋向高度专门化、综合化的方向发展，不仅导致大量的科学论文散布在各种有关的文献中，而且因为有的作者在撰写论著时，出现观点上的错误或数据推算差错，以及情报工作者在生产二次、三次情报文献过程中对原始情报文献的失真，加剧了情报文献的无序化状态，出现本不应该发生的"情报污染"现象。

其次，文献内容的不断老化，也使无序化状态有所加剧。具体主要体现在以下几个方面：一是文献中所含情报虽然仍有其一定的价值，但已被更新的其他观点所替代。二是文献中的情报虽然还有现实价值，但人们对它的关注已处于下降的地步。三是文献中的情报已不称其情报，不再被人们所利用。就是说，情报文献与其他任何事物一样，也有一个不断新陈代谢的过程，其内容的老化现象是不可避免的，并随着文献数量的叠加而相应地增强，从另一个侧面使这种无序化状态有增无减。

事实表明，我国现有情报文献的无序化状态已经严重影响到情报用户对于情报文献的查询和利用，必须及时采取措施，抓好情报文献的有序化处理，为情报的传递、服务打好坚实的基础。

二、情报文献的有序化组织

情报文献的有序化组织就是依据一定的原则，采取科学有效的手段和方法，使原先杂乱无序的情报文献转化为井然有序的情报文献，更好地满足用户日益专门化、多样化、多层次化的情报需求。

（一）按照属性组织情报文献

我国的传统做法主要是以文献为单元来组织情报，由于大量情报的产生和分布是不固定的，情报的选择也是随机的，用户不可能准确地知道从什么地方找到自己所需要的相关情报，也无法掌握某一情报文献的准确利用率，因而必须将情报文献看作是一个特定的整体，从大量的统计分析中找寻情报文献的概率分布和利用情况。只有这样，才能从把握文献的主要属性着手，科学有序地组织好情报文献。具体有按照外部特征和内容特征这两种整治方法：前者包括引用法、索引法、目录法等，对情报文献的有序化组织起到一定的作用；后者有分类法、主题法等，是比较常用的文献组织方法。情报文献通过分类整序，可以形成分类目录和索引，有助于情报的搜集、报道、咨询和管理。主题法则是将同一主题的文献集中于同一标题之下，按其排序组成主题目录，或者输入计算机形成计算机检索体系，有助于情报工作实现自动化和网络化。

此外，还可以采用编写综述、手册、年鉴等三次文献的方式对情报文献进行整序。该方法是高层次的有序组织法，更有助于人们综合利用情报文献，充分发挥情报文献的群体功能。

（二）深入完善文献组织工作

首先，情报文献的有序化组织是一个十分复杂的问题，涉及语言学、逻辑学等方面的知识，因为情报文献的传递过程就是一定语义内容的语言文字的表达理解过程。而我们表述和传播情报文献，主要是采用自然语言的形式进行的，如果所用语言文字太复杂，就会影响情报的广泛传播。因此，为能适应情报文献的有序化组织，就需要视不同要求创造出各种特定的人工语言。例如，现在已有了用于汉字信息处理系统的《信息处理交换用汉字编码字符集》，以及用于分类法的各种分类表和用于主题法的各种叙词表等。由于情报文献的有序化组织不仅离不开自然语言和人工语言，还需要采用能将自然语言转换成情报检索语言、计算机语言的各种工具。从而就要求认真研究语言学问题，为情报文献的有序化组织打下牢固的理论基础。

其次，情报文献的有序化组织也是在事物—概念—语言符号的基础上进行科学思维和合理排序的过程。由于各种情报检索语言都是要在概念逻辑和科学分类的基础上来表达一个具体概念和显示各种概念的逻辑关系，并利用概念划分和概念组配的逻辑方法对情报文献进行处理，因而就需要在研究语言问题的同时，重视做好有序组织的各个层次上的逻辑关系的研究，以便能从理论和实践上不断完善情报文献有序化的原理及整治方法。

三、情报文献的有序化控制

在社会日趋信息化的今天，情报的有效利用已经成为影响社会发展的主要因素，因此更需要运用控制论原理来实现情报文献的科学化、系统化管理。控制论的核心思想是调节和控制，这在自然现象和社会现象中是普遍存在的，情报活动当然也不例外。按照这一观点，作为人类知识载体的情报文献，其揭示、交流是能够被认识和控制的。因为任何情报都处于同外界广泛联系的动态系统之中，它既有对外作用的目标，又有其内部自身的多层次结构。只要我们运用控制论原理，建立起有调节和控制功能的情报文献揭示系统，就能不断从外部输入新的情报文献，同时又可及时从内部消除已经失效的老化文献，从而达到对情报文献无序化增长态势的抑制，满足用户的全方位、高层次的需求。为此，就应当对情报文献的有序化组织实行多层次的控制：①控制情报文献的存入与剔除；②提供可控制信息，进行文献整序；③调节内部控制机能；④情报用户及其活动控制。这些控制活动都是通过对情报文献的有序化工作来实现的，包括直接控制、书目控制、评论控制等三个层次，在互为补充的基础上以整体结构模式来完成情报文献有序化的全面控制。

通过上述对情报文献有序化组织与控制的初步探讨，可以获得几点启示：其一，除了要有必要的物质条件来保证情报文献的有序化工作之外，还应培训相应的工作人员，并不断提高他们的政治素质和业务能力。其二，要以科学的态度、脚踏实地的工作作风搞好情报文献的基础管理工作，力求实现规范化、标准化。其三，应加快自动化进程，尽快配备和完善计算机管理系统、情报检索系统，促进情报文献的处理、存储和传递。其四，以只争朝夕的精神抓好情报文献的有序化整治，以便更好地实现文献资源共享。总之花大力气搞好情报文献的有序化整治是情报工作者的天职。

第四节 情报学的研究方法

一、情报学概述

情报学是研究情报的产生、传递、利用规律和用现代化信息技术与手段，使情报流通过程、情报系统保持最佳效能状态的一门科学。它帮助人们充分利用信息技术和手段，提高情报产生、加工、贮存、流通、利用的效率。

情报学的概念源于欧美国家，是第二次世界大战后逐步形成的一门新学科，至今仍在发展完善中。因此，它不像一些基础学科那样，有着严格而且统一的学科定义。"世界科学情报系统"的专家给情报学下了这样的定义：情报学是一门研究情报性质和特点、影响情报流通的因素，以及有效查取和利用情报的加工技术和方法的科学，它是一门新兴的交叉学科。

二、情报学主要的研究方法

（一）社会调查法

通过现场调查，针对社会现象搜集数据，进行分析。这种方法又可分作直接方法与间接方法两大类，前者主要是用现场观察法，后者又分作访问调查与调查表调查。

（二）文献计量统计方法

对以记录形式进行交流的各个方面进行计量统计，从中找出变化规律，建立相应数学模型，从定性与定量分析中达到掌握过去与现在的变化脉络的目的，进而预测未来可能的变化。

（三）数学分析法

现代数学的许多分支在情报学的研究中都有应用，如在情报检索理论、情报传递的机制、情报采集方案的确定中，概率论、集合论、模糊数学、微分方程、运筹学等均在应用，甚至数论、图论、泛函分析、变分法等，也可以应用。

（四）系统分析与评价方法

对于情报系统各个侧面与总体，可通过引进系统论等方法，进行分析与评价、规划与设计。由于系统论的研究方法众多，对某一具体研究对象来说，就需要比较不同的方法，从中选择最佳方法，以期获得最优的结果。

（五）历史的研究方法

进行历史的研究一般先鉴别一个历史问题，搜集有关史料，形成假说。然后进一步严格搜集与组织史料，认真加以核实，进行分析，得出结论。历史研究可以帮助我们了解情报学是如何形成的，促使我们了解过去事件发生的时间、地点、原因与方式。

情报学的研究方法还很多，诸如德尔斐法、内容分析法、比较分析法、哲学研究法，近来又出现空白点分析法、聚类映像法等，多综合加以运用。

三、德尔斐法

（一）德尔斐法概念及发展过程

1. 德尔斐法的概念

德尔斐法是情报学理论模型构建的一个重要方法，也是非常常见的，极具工作效率的一种方法。德尔斐法是在20世纪40年代由赫尔姆和达尔克首创，经过戈尔登和兰德公司进一步发展而成的。德尔菲这一名称起源于古希腊有关太阳神阿波罗的神话。传说中阿波罗具有预见未来的能力。因此，这种预测方法被命名为德尔斐法。1946年，兰德公司首次将这种方法用来进行预测，后来该方法被迅速广泛采用。

德尔斐法也称专家调查法，是一种采用通信方式分别将所需解决的问题单独发送到各个专家手中，征询意见，然后回收汇总全部专家的意见，并整理出综合意见。随后将该综合意见和预测问题再分别反馈给专家，再次征询意见，各专家依据综合意见修改自己原有的意见，然后再汇总。这样多次反复，逐步取得比较一致的预测结果的决策方法。

德尔斐法依据系统的程序，采用匿名发表意见的方式，即专家之间不得互相讨论，不发生横向联系，只能与调查人员发生关系，通过多轮次调查专家对问卷所提问题的看法，经过反复征询、归纳、修改，最后汇总成专家基本一致的看法，作为预测的结果。这种方法具有广泛的代表性，较为可靠。现在，绝大多数行业在构建情报学理论模型时，德尔斐法都是其首先考虑的一种方法。

2. 德尔斐法的发展过程

情报学常见的德尔斐法是在20世纪40年代由著名情报学专家赫尔默和戈登首创。1946年，美国兰德公司扬长避短，对其进行了发展，并首次用这种方法用来进行定性预测，后来该方法被迅速广泛采用。到20世纪中期，当美国政府执意发动朝鲜战争的时候，兰德公司又提交了一份预测报告，预告这场战争必败。政府完全没有采纳，结果一败涂地。从此以后，德尔斐法得到广泛认可。

科技领域是德尔斐法的原产生地，后来被广泛运用到军事预测领域、医学预测领域、人口预测领域、教育预测领域等。后来逐渐被应用于任何领域的预测，此外，还用来进行评价、决策、管理沟通和规划工作。

因为德尔斐法是一种匿名的、在所有专家互不知晓的情况下，由专家对问题进行独立解答，然后通过综合所有专家的意见，来确定最好的解决方法的决策方法，因此，这种方法的准确度非常高，是一种集大成者的方法，因此，德尔斐法现在被广泛应用于各行各业。

（二）德尔斐法的特点

德尔斐法的主要特点是：①集思广益。通过吸收不同的专家参与预测，充分利用专家的经验和学识来解决问题，可以扬长避短，找到最适宜的解决方法。②匿名性。在专家互不知晓的情况下，各自对问题进行解答，各自的观点不受影响，不受干扰，方能做出最中肯的解决方法。③重复性。专家的预测过程可以几轮反馈，使专家的意见逐渐趋同，从而更容易得出更科学的结论。④资源利用的充分性。吸收不同的专家与预测，充分利用了专家的经验和学识；⑤最终结论的可靠性。由于采用匿名或背靠背的方式，能使每一位专家独立地做出自己的判断，不会受到其他繁杂因素的影响。⑥最终结论的统一性。预测过程必须经过几轮的反馈，使专家的意见逐渐趋同。

这些是德尔斐法的主要特点，正是由于德尔斐法具有以上这些特点，使它在诸多判断预测或决策手段中脱颖而出。这种方法的优点主要是简便易行，具有一定科学性和实用性，可以避免会议讨论时产生的害怕权威随声附和，或固执己见，或因顾虑情面不愿与他人意见冲突等弊病；同时也可以使大家发表的意见较快收敛，参加者也易接受结论，现实生活中似乎没有其他任何一种方式能比德尔斐法的效果更好。

（三）德尔斐法的具体实施步骤及注意事项

1. 德尔斐法实施的主要步骤

（1）组成解答问题的专家小组

德尔斐法的核心是根据专家的意见进行汇总，因此，组成专家小组是进行德尔斐法工作的第一步。按照课题所需要的知识范围，确定专家。专家人数的多少，可根据预测课题的大小和涉及面的宽窄而定，一般不超过20人，特殊的情况除外。

（2）匿名分别向专家咨询

德尔斐法之所以效果显著主要因其匿名性。德尔斐法要求分别向所有专家提出所要预测的问题及有关要求，并附上有关这个问题的所有背景材料，同时请专家提出还需要什么材料。然后，由专家分别做书面答复。

（3）收集、汇总、分析专家的意见

各个专家根据他们所收到的材料，提出自己的预测意见，并说明自己是怎样利用这些材料并提出预测值的。将各位专家第一次判断意见汇总，列成图表，进行对比，再分发给各位专家，让专家比较自己同他人的不同意见，修改自己的意见和判断。也可以把各位专家的意见加以整理，或请身份更高的其他专家加以评论，然后把这些意见再分送给各位专家，以便他们参考后修改自己的意见。

将所有专家的修改意见收集起来，汇总，再次分发给各位专家，以便做第二次修改。逐轮收集意见并为专家反馈信息是德尔斐法的主要环节。收集意见和信息反馈一般要经过三轮、四轮。在向专家进行反馈的时候，只给出各种意见，并不说明发表各种意见的专家的具体姓名。这一过程重复进行，直到每一个专家不再改变自己的意见为止。

（4）对专家的意见进行综合处理

第四步也是关键的一步，多个专家的意见汇总到一起，要根据所有专家的解答，来综合挑选一个意见相近的答案，所有专家在匿名的条件下根据自己的主观想法做出的解答，然后汇总起来，答案比较接近的，往往就是最佳的答案。

2.在德尔斐法实施的过程中应该注意的事项

（1）匿名性是德尔斐法实施成败的关键

由于专家组成成员之间存在身份和地位上的差别及其他社会原因，有可能使其中一些人因不愿批评或否定其他人的观点而放弃自己的合理主张。要防止这类问题的出现，必须避免专家们面对面的集体讨论，由专家单独提出意见，只有每个专家单独提出的意见，最后汇总起来才能得到最好的答案。

（2）专家的专业性要足够

对专家的挑选应基于其对企业内外部情况的了解程度。专家可以是第一线的管理人员，也可以是企业高层管理人员和外请专家。例如，在估计未来企业对劳动力的需求时，企业可以挑选人事、计划、市场、生产及销售部门的经理作为专家。不同行业需要不同的专家，术业有专攻，只有对行业充分熟悉、了解的专家，才能对问题做出最佳的解答。

同时需要注意的是，在德尔斐法进行的过程中，要尽量为专家提供充分的信息，使其有足够的根据做出判断，并且所提问的问题应是专家能够回答的问题；要允许专家粗略的估计数字，不要求精确。但可以要求专家说明预计数字的准确程度；尽可能将过程简化，不问与预测无关的问题。德尔斐法作为一种主观、定性的方法，不仅可以用于预测领域，而且可以广泛应用于各种评价指标体系的建立和具体指标的确定过程。我们在考虑一项投资项目时，需要对该项目的市场吸引力做出评价。我们可以列出同市场吸引力有关的若干因素，包括整体市场规模、年市场增长率、历史毛利率、竞争强度、对技术的要求、对能源的要求、对环境的影响等。市场吸引力的这一综合指标就等于上述因素加权求和。每一个因素在构成市场吸引力时的重要性即权重和该因素的得分，需要由管理人员的主观判断来确定。这时，我们同样可以采用德尔斐法。

德尔斐法经过很多行业的论证，是一种非常科学的、高效的工作方法，它甚至在各个行业、各个领域都可以发挥自己的作用。比如情报学、军事学、社会学、经济学、哲学、市场营销学等等，德尔斐法的专业性及其集大成性是其他方法难以比拟的。因此，在图书情报学中，德尔斐法是一种非常重要的，同时也是很常见的一种构建理论模型的方法。

情报学已经不仅仅局限于政治上的情报获取，在社会经济发展的今天情报学被更多的企业所用，作为企业数据分析的来源为企业的发展提供情报数据。

四、研究范式

情报学的多学科特性，正是由情报学的多种研究范式决定的。围绕情报学理论研究，可归纳为以下研究范式。

（一）情报学机构范式

机构范式是一种视图书馆和情报中心为社会机构的思想和观念，以社会学和教育学观点研究图书馆，从图书馆实践出发，研究资料（采集文献）、组织（行政机构和人员管理）、知识属性（分类、编目、采编政策等），从而驱动资料和组织的有效管理以发挥机构的社会功能。我国20世纪60—70年代情报学以及其所探讨的文献合理布局、情报所的地位、作用以及情报政策、管理等都是从机构范式出发，对本行业的问题进行研究。

（二）情报学信息运动范式

通信数学模式：即信息源—传输器—噪音—接收器—信息端。信息运动范式关注的是信息运动的过程——反馈和控制。它构成了当代情报检索系统和文献计量学研究的基础。显然，通信数学模式的概念不适合应用在信息语义上，情报用户被视为情报检索系统以外的被动接受者，要去适应检索系统，利用现有的信息。因此，该范式只是从系统角度去对待情报用户，而不是从情报用户角度了解用户的情报需求。

（三）情报学解释学范式

解释学的依据是人对信息、情报的解读，解释因人的知识与经验的不同而取舍。因此要研究传播、语言、文字、知识、理解及解释。社会文化及情报消费主体的知识结构和心理状态在查询、解读和利用情报的过程中产生了至关重要的作用，因此必须关注在情报流动过程中情报客体与情报消费主体的交融。

（四）情报学技术主导范式

美国前总统布什关于实现情报检索自动化的构想，使情报学研究的主流向着利用技术解决问题的范式演变，技术范式对情报学的发展产生了深刻影响。计算机技术突破了人类生产、处理和存贮信息的能力在数量、时间和智力等方面的限制。通信技术的进步，突破了人类传递信息的能力在距离和时间两方面的限制，信息内容开发从点（字、词）、线（字符串、全文文本）、面（数据库、关系数据库）、立体（信息流、物流、资金流的结合）、三维空间（A/V、数据挖掘）到万象空间（虚拟真实）不断向纵深发展。情报学研究致力于发展各种先进、高效的情报系统和信息技术应用，但是，情报技术的应用并不是情报学的全部内容，不但如此，由于过分夸大技术的作用，反而导致了重技术轻理论的倾向，忽略了情报学的整体研究。

（五）情报学认知范式

由于认知科学的发展，一些研究者开始从认知过程，如注意、知觉、表象、记忆、思维、语言等，来观察信息和情报现象。认知范式强调的知识结构，研究人的信息处理原理，关注情报的利用和吸收，目的是支持和改善情报系统的设计和情报服务。认知观的变迁意味着情报学研究主体从情报检索系统的设计和开发扩大到强调情报用户的知识结构、认知过程、情报行为和人机交互等认知范围。

（六）情报学知识主导范式

传统情报学的研究对象是文献单元而不是知识内容。英国情报学家布鲁克斯1980年提出了著名的布鲁克斯基本方程式，明确地指出情报学的任务是探索和组织客观知识，情报学要对客观知识进行分析和组织，以便绘制出知识的"认识地图"并最终按"认识地图"来组织知识。情报学从文献层次向知识层次的深化、演进与发展是情报学研究的新趋势。知识有显性知识和隐性知识之分。显性知识存在于信息载体上，通常经过符号化、编码化或结构化等文献处理，内容是固定的，外在的。隐性知识存在于人的大脑中、行为上及概念里，是个人的，没有经过文献化、内部化的，以经验为基础的。隐性知识比显性知识更能激活灵感和启发创新，是一种更有价值的知识，但以往这类知识只能靠个人交流获取，无法收集和加工利用。因此情报学要超越显性知识，研究收集、筛选、加工、整理隐性知识的理论和规律。当前知识经济、知识组织、知识管理、知识发现、数据挖掘、知识产权保护等问题的研究正在成为情报学界研究热点和学科体系成长的标志，最终将使情报学成为研究知识与知识活动包括知识的激活、扩散、转移、组织、增值、吸收、利用等的规律性的一门学科。

（七）情报学经济学范式

情报学与经济学的联系早期仅仅只是引入经济学中的效用、效益等概念，成本—收益分析方法、投入—产出分析方法等基本方法，借用政治经济学的生产—交换—分配—消费模式来评价情报服务的成本与效率。随后情报的价值、情报传递的成本与效益，以及情报工作的效率等也成为情报经济学的主要议题。1979年在荷兰海牙召开了国际情报经济学年会，内容主要围绕情报商品与情报市场研究、情报经济效益研究、情报经济管理研究、情报产业和信息化社会发展研究等方面。面向21世纪，信息经济学的研究方兴未艾，网络革命掀起的全球信息化所提出的众多理论课题与实践课题正在推动情报经济学开拓新的领域。例如，信息（情报）经纪业、竞争情报、博弈论、微观经济学中市场结构理论等，都成为情报经济学的研究热点。

（八）情报学人文范式

以人为本的思想必然要同人文科学这一更高层次的概念进行整合，从而研究信息民主与信息专制、信息自由与信息保护、信息平等与信息歧视、信息富裕与信息贫穷、信息共享与信息垄断，以及信息污染、信息灾害、信息伦理、信息法律、信息政策、信息文化等以人为主体的信息环境中人与人、人与社会、人与文化的相互关系。突出人文因素的研究，提高人的信息素养，将使情报学更加符合信息化时代特征和情报学自身的发展要求。

五、情报学与相关学科关系

情报学是在融会许多学科成果的基础上逐渐发展起来的，因此人们称它为一门新兴的、综合性交叉学科。信息科学是研究信息的一门综合性学科，信息科学的基础是信息论，它只研究信息传输的共性，而不研究信息传输的特性，不涉及传输的知识内容、价值或语义问题。而情报学除了关心传输中的情报结构与形式，还关心传输的知识内容。情报学中专门有一个分支情报研究，专门研究所传输的知识内容，分析各个学科、专业的水平动向，并进行适当归纳与综合，为各种决策提供支持。但人们仍相信，信息科学可以对情报科学提供一定的理论支持，如它对消息中有关信息量的概念提供了明确的处理方法。情报学要充分吸收和利用信息论的成果，以提高情报传递的效率。

计算机科学是通过对信息处理过程的研究，进一步对软件、特殊应用（人工智能）、计算机数学及计算机体系结构等方面进行探索性和理论性研究的一门科学。它是一种工具，计算机科学与情报学有着密切的交叉关系。电子计算机在情报活动中的广泛应用，使情报的搜集、加工整理、存储、检索、传输、开发利用等工作及其手段，发生了巨大的变化。它改变了图书馆和情报机构的传统观念和服务方式。

文献学与图书馆学关系十分密切，文献学或文献工作是情报学的基础之一，因此图书馆学与情报学的关系也较密切。但是情报学现在已超越了传统的以记录载体为主要对象的阶段，着眼于广义的人类知识交流。一般来说，图书馆是以藏书、出纳、阅览等为工作重点，而情报中心则侧重加工、报道、研究以至提供各类情报，要求揭示每篇文献以至每个数据的内容。目录学是图书馆学重要分支，而情报学则侧重于文献内容之文摘法、索引法与述评法。藏书量是衡量图书馆规模的重要标志，而情报中心则以文献加工数量，对信息进行综合分析的质量以及情报服务的及时性和有效性作为衡量其工作的重要标志。

科学以科学技术整体活动作为研究对象，主要是研究科学技术发展的结构、机制、趋向及与相关领域如政治、经济、文化、社会的关系。它是自然科学与社会科学交叉的产物，是综合性很强的新学科。但是科学技术的发展离不开学术交流。一个研究课题确定后，先要查文献，科学技术发展的具体体现是出人才出成果，而人才与成果最终也要在文献上表现出来，这是情报学着重关注的一些问题。因此情报学也同科学学密切相关。再如科学计量学是科学学的一个分支,而在情报学中也有所谓文献计量学,两者内容是相同或接近的。只不过前者侧重为科学管理决策服务,而后者侧重为情报的科学管理服务。

管理学与情报学的关系也十分密切,情报管理就是管理学中的一部分。政府、企业或事业单位的领导人要在复杂情况下做出判断与决策,必须要有信息与情报做根据,而下属机构在实施决策过程中,又要不断将情况反馈给上级部门。为了使各种情报在部门内部外部顺畅流动,必须对情报流进行科学管理,才能制定正确决策,并使之顺利实施。在情报活动过程中运用了先进技术手段,因此它与物理、机械、电工、电子等硬科学也有密切联系。此外,情报学还与控制论、通信科学、语言学、语义学、心理学、社会经济学等有着密切的关系。

六、情报学发展前景

情报工作对促进人类社会和经济的持续进步正在发挥越来越大的作用,随着信息技术的高速发展和信息化社会的到来,情报学的发展前景将是广阔的。人们对其前景的预测就是在这一基本认识和估计下展开的:1.情报学是以情报工作实践为依据而形成的理论,它是一项涉及面非常广泛的社会事业。随着时间的推移,情报社会化的程度将日益提高,传统情报系统的观念也将发生大的变化,情报工作将向产业化方向逐渐发展。2.情报是人类的一种精神财富,不仅由每个有情报意识的人脑来承载,而且需要"世界大脑"来承载。为了使人们在任何时候都能容易的取得所需要的任何情报,需要把情报学的研究放在现代化的技术手段的基础上来开展。光盘、数字通信、光纤通信、人工智能、专家系统等先进的理论与技术将获巨大发展和应用。技术的发展又将对整个情报学产生极其深刻的影响,情报学在高新技术的武装下,有可能为人类创造性思维活动提供增智工具甚至人工大脑,协助人们进行更加复杂的思维活动。3.情报学的内容与框架必将扩大,而不会局限在狭小的科学情报的范围内。除了纸载文献这一情报传统媒体外,其他各种形式的情报媒体——声像、缩微、电子出版物等正在不断涌现,这些非纸的媒体的出现将改变办公室的面貌,使人们开始考虑"无纸信息社会"和"人机对话社会"的出现。社会生活的这种变革,将使情报学在更宽广的领域内展开。4.情报学除了会在情报产生、加工、传播等环节上继续加深外,情报交流全过程的研究将会发展，情报利用问题将会突显出来。如果未来在情报学的研究上会有所突破的话，很可能将发生在情报利用的问题上。而情报利用问题的研究反过来又会促进与加深其他环节上的研究。5.随着社会不断的向前发展，情报学的综合化趋势将更加明显，会出现更多的分支。在文献计量学的基础上，情报计量学将会得到发展。信息产业在经济中的突出位置，将促使情报经济问题研究深化。在情报社会化的进程中，情报社会问题的研究将提到日程上来。情报心理问题的研究尽管刚刚开始，但潜力很大。情报学吸收哲学的营养，有可能使现有概念体系升华，引申出相应的定理与定律。6.在研究方法上，将从定性的研究过渡到定量与定性相结合的研究，并将借鉴与吸收其他学科的研究方法，加以改造，创造出更有特色的研究方法，从而给本学科注入新的活力。7.随着科学研究事业的发展，情报学有可能成为21世纪的重要学科之一，它将紧紧地与高新技术结合在一起，逐步形成更加充实的学科体系与研究规范，将揭示未来信息社会中人们情报活动的规律性，彰显情报信息在社会、经济、文化中的巨大影响与作用。

第五节 情报的组织与控制

一、模式1：完全由科技人员自身完成所需情报的模式

在没有专职情报人员参与的情况下，科技人员的情报需求完全由自身完成。此时，设单位的情报总需求为C。其情报需求量可用已出版的著作、发表的论文、科研或专利成果等所列或所需科技文献篇数计量。对情报需求数量C的收集、整理和分析工作，所需资料购置、人员工资等情报费用I1应正比于情报总需求量C，即：I1=K1C……（1）式中的比例系数K1，可用单位的情报需求量C与情报费用I1的统计关系求得。假定它们是直线关系，则比例系数K1是一常数，实际上就是单项情报需求的价格。

二、模式2：完全由情报机构或专职情报人员完成单位所需情报的模式

若单位的情报总需求C，完全是由专职情报人员完成的，其情报总费用I2应由两部分组成：一是开展文献和情报服务工作必需的设备和基本建设的投资或折旧费用；因为这种费用与情报需求量C无直接关系，故称之为固定费用，以符号A表示。二是情报资料检索、搜集、整理和分析所需的

费用。因这种费用与情报需求量 C 有关，故称为变动费用，以 K2 表示。即：I2=A+K2C……（2）式中 K2 与 K1 同样也是比例系数。

在通常情况下，专职科技情报工作人员从事科技情报的检索、收集、整理和分析工作，业务比一般科技人员要熟练，对情报源有较为全面的了解，其情报工作的质量和效率也会高于一般科技人员。另外，由专职情报人员完成的情报工作，有较高的资料利用率，可避免一些重复劳动。因此可节省情报处理时间，从而对情报需求者更加经济。所以，在完成相同的情报需求量 C 的情况下，专职情报人员从事情报工作的经济性好于一般科技人员，特别是变动费用部分大大低于一般科技人员从事情报工作的费用，即：比例系数 K2 < K1 费用直线 I2 的斜率应小于费用直线 I1 的斜率。

三、模式 3：高校科技情报工作的实际模式

实际上，高校科技情报工作的情况是与上述两个模式不同的。首先，在高校科技情报的总需求中，有相当一部分情报的整理和分析是由科技人员结合自身工作完成的，科技人员完成的情报活动是科研课题的组成部分，从事情报活动的"情报处理时间"是科研课题计划时间的一部分。因此，单位的情报需求不可能完全由情报人员满足。同样，科技人员也不可能完全承担单位所有情报需求。为能得到较好的情报工作效果和较高的经济效益，高校的科技情报工作应由科技人员与专职情报工作人员共同完成。

其次，情报工作人员在各项情报需求中的参与程度是不同的。在单项情报需求的情报检索、收集、整理和分析各工序中，情报工作人员可能只参与其中某项或某几项工序。因此，可根据情报工作人员在单项情报需求中参与程度的不同，给出不同的权重。

四、科技人员的"情报处理时间"

科技情报人员的情报活动是整个科研课题的组成部分，其"情报处理时间"是由"条例"等形式规定的。但实际工作中却有很大差别。各单位应根据其工作性质、科研课题的类型和规模等，制定出合适的"情报处理时间"。随着知识量猛增和高科技的使用，科技情报手段及专业化程度大为提高，为取得更好的经济效益，科技人员的"情报处理时间"呈逐年减少的趋势。

五、SDI 情报服务系统的组织与控制

（一）文献—标引—机读数据库过程

文献被搜集来之后，就需要加以"组织与控制"，它包括分类、编目、主题标引和做文摘等环节。首先可组成各种手工检索文档，由人来视察进行扫描，以便在用户直接利用这些文档时或在回答各种用户查问时能被识别或找到。主题标引过程涉及两个智力上的步骤，第一步是"概念分析（也称主题分析）"即文献标引人员采用阅读扫描的方法，阅读并理解文献题目，浏览每篇文献的目次、摘要以至全文。即要理解文献是关于什么的，即它的主题包括些什么，又要对系统的用户需求有所认识，文献的什么方面是最为关键的，然后挑选出若干个能表征其主要内容的概念。第二步把概念分析"翻译"成某些特定的词汇，即把选出的概念转换为该系统所使用的索引语言（规范化语言或分类标目）。在多数系统中采用一种"控制词表"，即代表文献主题内容的一套有限词汇（如我国的汉语主题词表已经问世，该表作为图书情报人员标引和用户检索的一套规范化语言）。将反映文献内部特征的索引词、文摘连同描述文献外部特征的著录项目（篇名、著者、出处、出版年月等）一并记入磁带，组成书目机读文档即二次文献数据库，这种数据库可称为文献库的"索引"。

（二）用户—情报需求—确定提问过程

以委托检索方式进行作业的情报服务所面临的主要问题是如何保证表达出来的需求确切地反映被认识到的需求。用户（包括团体）的情报需求是极为复杂且经常变化的，人们在不同程度上不会或不善于马上准确地表达自己的真实的情报需求。在情报服务范围内，应把情报需求、认识的情报需求、情报需求的表达（实际向情报中心提出的查问——确定提问）区分开来，并非所有向情报服务提出的查问或要求都理想地代表了构成查问基础的那些需求。通常情报需求与查问之间存在着数与质的区别，即有多少需求没有转化为查问，还有哪些需求未转化为查问。只有在他确认自己的需求或被唤起的需求之后，才能把需求表达成向情报中心"提问"的形式。情报中心不大可能直接影响为之服务的团体或个人对情报的需求，但可影响用户提出的查问。

（三）数据库的选择与检索策略

情报中心汇集用户提问单后，按提问说明的概念分门别类，挑选出合

适的一个或多个作为检索用的数据库，编制既适合于被选中数据库的，又能反映提问实际要求的检索策略。数据库的选择反映了情报人员对各种数据库的存在状况、收录范围及质量等问题的了解程度，同时也反映了情报人员把自己有关数据库的专门知识同他理解的提问进行匹配的能力。

　　脱机批处理系统中，不论是索引服务或追溯检索，检索策略的构造问题是决定一个特定的检索策略是否成功的关键因素。检查策略的编制也包括"概念分析"和"翻译"两个步骤。第一步是分析用户的提问，弄清用户的真正要求，并分解为各个不同方面或组面。第二步是把概念分析出来的各个组面"翻译"成系统的词汇即检索词。这种已被翻译成系统检索语言并能与索引词进行对比检索的主题提问，称为检索策略。正如标引记录被认为是一种"文献描述体"一样，检索策略可认为是一种"提问描述体"。用户的情报提问往往可以包括几个因素，即使是单因素的提问也可以用几个组面来反映，而每个组面间存在着特定的关系。这就需要把各个检索词综合在一起，拟定一个检索式，指出各词的组配关系，以便与用户提问确切相关的那部分文献被检索出来。

（四）筛选及服务效果评价与反馈

　　情报人员在把检索结果送交用户之前，应仔细审查系统的输出，以删除那些显然是无关的文献记录，来改善提供给用户的最终成品的查准率。筛选作业的成功与否，直接同提问表达有关。因为情报人员是在提问表述的基础上才做出相关性判断的。因而提问表述的质量和检索者对用户需求的解释，是影响筛选作业成败的重要因素。

第二章 图书情报学应用科学

第一节 图书情报学概要

一、图书情报学的内容

图书与情报科学在我们今天的社会发展中占据着重要的地位。图书与情报科学是两个社会科学综合性的学科,它是将图书馆学与情报学合二为一,变成一个有机整体,为人们的信息需求提供最大的便利的科学。图书情报学是指图书馆业务学科和情报信息学科结合的一门学科。进入21世纪,随着科技的飞速发展,世界各国的联系不断加深,图书情报学界以空前高涨的热情和异常活跃的思维开展世纪之交的图书情报学研究,在总结20世纪图书情报事业发展历程和经验教训的同时,盘点图书馆学情报学的知识积淀和学术成就,图书与情报科学在未来的发展会取得更大的进步。图书情报专业的研究主要包括图书馆学、情报学、档案学等内容,其中既包括信息,又涉及管理,范围十分广泛,对需要进行数据信息查询、使用的读者来说,十分便捷且有必要,是未来图书馆及情报信息发展的一个趋势。

图书与情报科学包含的内容十分广泛,从图书馆学、情报学到文献学、目录学、经济学、统计学、传播学、历史学、语言学、逻辑学等,包罗万象。其中,最重要的内容就是图书馆学与情报学的内容。

（一）图书馆学的内容

图书馆学是研究图书馆的发生发展、组织管理,以及图书馆工作规律的科学。它的主要内容有:①信息资源建设;②信息组织与信息检索;③图书馆用户和图书馆服务;④新技术在图书馆的应用;⑤图书馆的管理与图书馆事业的发展。

（二）情报学的内容

情报学是研究情报的产生、传递、利用规律和现代化信息技术与手段使情报流通过程、情报系统保持最佳效能状态的一门科学。它使人们正确认识情报自身及其传播规律，充分利用信息技术和手段，提高情报产生、加工、贮存、流通、利用的效率。情报学的主要内容有：①情报的产生、内容、特点和结构；②情报的传播、交流和利用；③情报的储存和检索；④情报的标准和规范；⑤情报系统和网络；⑥情报用户和情报需求；⑦情报的大容量存储和高速传递；⑧情报学与相关学科；⑨现代化信息技术和手段在科学情报领域的应用；⑩情报的经济学与社会学。

二、图书情报学研究的目标与意义

由于信息技术的进步和消费者需求多元化的影响，加之图书馆学与情报学自身的发展需要，图书馆学、情报学的研究发展也不断发生着变化，但图书馆学、情报学归根结底是应用服务型学科，所以图书馆学、情报学发展的总体方向应是拓宽服务领域，深化服务内容。在新时代、新要求下，它的发展目标与意义如下。

（一）为社会发展提供服务

现今社会，评价任何一个事物、一个体系，主要看其能否适应现代社会多元化的要求。现代社会是一个知识和信息高度流通的时代，知识和情报已成为重要的经济资源，图书馆应充分发挥其资源优势、技术优势和人才优势，为社会大众和企业提供服务。

首先，图书馆开始为民众承担多方面的教育任务，开展使用图书馆和电子资源的检索和利用等培训；向用户提供数字化的学习资源，提供网上咨询与解答等全方位的信息服务，便于读者掌握科学的学习方法，及时获取他们所需的信息。其次，图书情报机构应为企业提供高质量的信息服务。通过为企业提供市场信息和技术资料，分析竞争对手情报，为企业培养情报人才等，帮助企业及时了解市场的行情和前沿动态。另外，帮助企业学习国家政策的要求和法律，从而使企业各项经济活动沿着正确的方向发展，进而促进企业发展。

（二）为特殊群体开展服务

以人为本，体现在图书馆学、情报学的服务中，每一位读者都需要得到尊重、关爱和平等对待，图书馆学、情报学的服务对象范围不应仅局限于社会大众，还应该逐渐加深对一些特殊群体（如小学生、老年人、部队人员、监狱在押人员等）的读者服务，其服务领域将不断扩大，服务形式也必将不断深化。

在以往针对读者服务的过程中，图书馆面向社会大众的服务居多，我们很少关注到那些特殊群体阅读的特殊性和真正需求，在这方面可借鉴的历史经验也较少。图书馆应关注特殊群体的内心需求，掌握特殊群体的基本情况，做好需求研究，围绕他们当前的需求和潜在需要展开长期的追踪研究，从而提供相应载体的资料供其学习。另外，充分利用舆论宣传工具，如电视、网络、报纸、期刊等各种媒体。宣传图书情报知识的作用及其对个体和社会所带来的积极影响，呼吁全社会重视和关注特殊群体的需求，诚邀社会机构或团体加入图书馆对特殊群体的服务中。与社会机构或者团体之间建立良好的沟通基础，借助他们的力量共同为特殊群体提供图书服务。

（三）为其他学科提供服务

在现今开放式的发展环境中，图书馆学、情报学内容逐渐完善，领域宽广，与其他学科交融关系越来越密切。促使图书馆学、情报学加深与其他学科间的相互交叉渗透，不断地向其他学科领域提供研究方法。今后随着图书馆学、情报学理论体系的完善，其研究方法和研究内容对其他学科的发展一定会有越来越重要的借鉴意义。除了图书馆学、情报学可以促进其他学科体系发展之外，随着图书情报机构服务的深化和发展，图书情报学科可以进一步发展自身的优势，利用自身学科的研究方法，对繁多复杂的信息进行整理加工，为其他学科提供各种文献分析、数据处理、信息跟踪的方法技巧等，帮助其他学科做好科研工作，从而为其他学科的研究提供服务。

通过对国内外图书情报学学科热点进行研究，不仅有利于掌握国内外图书情报学研究的发展动态，而且有利于了解国内外图书情报学领域的重点研究机构、研究项目与研究方向。相关研究迹象表明，国外图书情报学的理论研究与实践对国内图书情报研究与实践产生了重要的影响。迄今为止，国内图书情报学研究总体上仍滞后于国外的发展，但在局部领域也不乏一些具有自身价值和优势的研究成果。如何理性看待国内外图书情报学研究热点之间的关系？国外研究对国内研究将产生怎样的影响？未来学科发展趋势如何？对这些问题予以明确并进行深入探讨，将有利于指导国内图书情报领域有效开展原创性与跟踪性研究，推动事业沿着理性、健康的轨迹顺利发展。

图书与情报科学的发展对图书馆信息事业有了一个质的推进作用。随着知识经济和信息经济时代的到来，图书馆事业定将得到空前的发展，图书馆学在为经济、政治、文化、教育和科学研究服务方面必将发挥更加重要的作用。图书情报学的发展意义不在于它本身是否得到了巨大的变革与发展，它最大的意义就在于其发展是随着社会需求的发展而发展的，它的发展，最大限度地满足了人们对图书馆信息情报的多元化需要，极大地提高了社会工作效率，这才是图书与情报科学的核心价值。

第二节 文献信息的组织与存储

一、标准信息存储模式

标准有其固有的特点。一般来说，标准系统的结构形式包括阶层秩序（层次级别的关系）、时间序列（标准的寿命时间方面的关系）、数量比例（具有不同功能的标准之间的构成比例）和各要素之间的关系（主要是标准之间相互适应，相互协调的关系，以及它们之间的合理组合）。

因此，所设计的标准数据库宜包括标准题录库和标准全文库，标准题录库主要反映的是标准彼此之间的相关性和一些题录信息，而标准全文库应能被计算机所识别和遍历，支持针对全文的特定部分（如规范性技术要素部分）进行文字、图表、公式等检索和智能化处理，使系统访问人员能及时、快速定位、更准确地查询到所需的信息。①标准题录数据库反映标准之间的层次级别关系、时间序列、数量关系和一些题录信息。②标准全文数据库包括元数据和要素内容数据的存储，元数据反映标准全文的框架结构，而要素内容数据则保存框架结构中各元素的存储内容。

二、标准全文数据库

（一）元数据

元数据库描述的是标准全文的结构，是全文的概貌，结合要素内容数据库，能保存整篇标准全文。在设计元数据库时要注意两点：①研究篇章布局、内容结构元素时，要确保范围全面。②确定标准文献的各结构元素，制定标准文档结构的元数据准确。

（二）要素内容数据

"标准内容结构"有其规范性。一般来说，整篇文章是由要素和要素所允许的内容组成的，要素类型分别为资料性概述要素、规范性一般要素、规范性技术要素、资料性补充要素、规范性技术要素、资料性补充要素。内容一般是文字、图、表、公式、注、脚注等。

三、应用

标准信息服务系统是基于标准文献信息存储模式而开发的系统。

标准信息服务系统主要由三部分组成：标准信息采集、标准信息存储和标准信息发布。

标准信息采集：主要关注的是纸介文件和电子文档如何录入进库里。

标准信息存储：标准文献里面含有文字、图片、图表、公式等信息，向各类应用提供标准信息，且要求支持各种文件格式进行浏览。故此，可以采用元数据库、要素内容数据库和题录数据库进行标准信息存储，待查看时自动生成各种文件格式的全文，以满足各种数据的规范要求。

标准信息发布：架构标准信息的发布平台，准确、及时或触发式地向各类用户提供标准信息。该架构中还提供应用程序接口和授权管理，使各个系统能通过程序接口访问标准数据库。

新式的标准信息存储模式，不但满足了传统的标准信息检索要求，而且提供了标准资源的框架，其他各类系统可以通过服务接口直接访问。此外，其他系统还可以结合本地信息资源，根据一定的智能化算法，自动形成有利于指导或管理某个领域发展的信息。

四、多媒体文献存储

多媒体数据与传统字符数字型数据相比，具有以下主要特点：①数据量巨大。尤其是动态视频、音频媒体的数据，虽然经过压缩，但数据量仍然很大。②数据类型繁多。从媒体种类来看，就有视频、音频、图像、图形、文本等多种形式。随着技术的不断发展，新的媒体类型还会不断产生。③数据类型之间的性质差别大。不同类型的媒体数据，其媒体存储量、格式以及处理方法不同。④多媒体数据的时空特性。视频、音频和动画过程等媒体具有时态特性，而图形、图像等媒体具有空间特性。⑤多媒体数据的版本控制。在信息系统中对多媒体数据的存储和组织与常规格式化数据有较大的差异。针对以上多媒体数据的特点，存储和组织多媒体数据，相应的需要：设计适合于大量数据存储的物理结构和逻辑结构，保证存储空间的有效利用和数据的快速存取。对于大型应用，显然不能指望在一个站点上存储所有的数据，可能需要通过网络或跨盘、跨卷分布多媒体数据。媒体种类繁多增加了媒体数据存储和处理的困难，除了固定的一些标准数据类型之外，还要考虑未知的和未来引入的媒体类型。因此，需要采用面向对象的方法来存储和组织。多媒体数据具有按照空间和时间关系结构来存储和组织的能力，存储结构中包含时间和空间关系的信息，甚至有导航和语义信息。这一点是常规数据的存储所不具有的。多媒体数据的版本包括某个对象在不同时间段具有不同内容的历史版本和某个对象具有各种表达形式的选择版本等。需解决多版本的标识、存储、更新和存取，尽可能减少所占的存储空间。

从多媒体数据的基本特点出发，探讨适合多媒体数据存储和组织的一种文献存储结构，引入面向对象的对象链接和嵌入 OLE 和二进制大对象 BLOBs 思想集成各种类型和未定义的媒体数据对象，采用宏文献的网络分布结构，构造具有以文献为中心的信息系统模式的多媒体文献。

五、多媒体文献的存储和组织结构

（一）多媒体文献的结构组成

多媒体数据的存储以文献（Document，又称文档）形式来组织。在多媒体文献中将无缝地集成各种数据对象或组件，如多媒体类型的视频、音频、图像、声音，以及格式类型的数据库表、元组，甚至是可执行的宏、小应用组件等。

多媒体文献的主体数据文件记录的是节点和链对象，对应于超文本参考模型 Dexter 的存储层。节点描述多媒体数据对象，链描述多媒体数据对象之间的导航和时空关系。格式化数据表示格式化的电子表格、关系型数据库中的表和元组对象等。非格式化数据即为多媒体数据。OLE 复合文献存储工业标准的 OLE 对象，OLE 是另一个集成存取各种类型数据的机制，作为一种标准形式的接口，多媒体文献应能够支持 OLE 对象。格式化、非格式化数据、OLE 复合文献用于具体实现各种类型数据的存储，即对应于

Dexter 模型中的内成员层，它们描述具体的数据内容和结构。

多媒体文献中包含丰富的数据类型，操纵它的应用程序可能将是一个复杂庞大的系统，因为对每一种数据类型都需要相应的代码和应用程序来处理。过去以应用程序为中心的处理观点已不能适应多媒体应用发展的需要，以应用程序为中心使用户忙于调用和熟悉各种应用程序。因为完成某一任务的工具常常是单一的应用程序，因此操作复杂，不能集中注意力到工作中去。以文献（文档）为中心的处理利用对象的链接和嵌入，就地激活文献中具有上下文联系的数据处理应用程序，用户可以综合多种工具（组件）来完成特定的工作，即用户不用离开当前操纵的文献就可以及时处理文献中的各类多媒体数据，用户可以关注于他正处理的文献，从而提高生产效率。

因此，多媒体文献的逻辑结构设计应满足和考虑以下几个方面的要求：①以文献为中心的处理原则。各种多媒体数据类型的处理可以由服务组件形式（服务器程序或组件）提供，本地主体的数据文件一般由应用程序主体来处理，也可以通过激发链调用，通过扩展的组件处理。这样用户将会把精力集中到任务上，而不会分散到用来完成任务的软件上。②文献包含的数据类型（格式）可以扩展，但与文献中包含的对象的内容没有关系。③通过链对象可以链接外部对象，文献中只记录链，而不必保存对象的数据，以使主体数据文件更紧凑。并且链接的对象可以动态的更新。④文献存储的对象可以分布在本地和网络各服务器上。由于多媒体文献所能包含的数据量巨大，单个或几个节点只能存储少量信息。

（二）版本考虑

使存储的数据具有版本性是协作和设计等方面的应用所需要的。实现版本的存储一般可以采用以下方法：①记录每一个设计对象的完整版本，用版本标识（OID，VID）来对某个版本进行存取。这种方法适合于格式化数据对象，然而对多媒体数据来说，由于数据量大，设计过程中大量不重要的甚至无用的中间版本将占用过多的存储空间。②保存一个完整的版本和对同一数据对象的不同版本的差，恢复时根据完整版本和相应的差值得到某个版本。③利用面向对象方法中的类层次的概括关系，即继承性来减少记录各种版本所需的存储量。把数据对象版本当作一种版本对象，版本对象具有各种表示数据对象的完备属性，只要保留一个这样的完整版本对象，其他经修改的数据对象的版本可以从完整版本对象中选择继承部分属分来得到,从而节省了存储空间。④版本链方法。在数据对象中记录版本链,当用户激活版本链时,系统根据条件来调用相应的(服务)组件显示不同版本的数据。

六、宏文献结构

为了存储和组织管理数据量巨大的多媒体文献,以及充分利用分布的信息资源,这里引入了宏文献(Macrodocument),即对文献进行分层。宏文献是文献的文献,一个宏文献由多个子文献构成,子文献又可以由多个子一子文献构成。每个子文献可以分散在网络节点上,通过宏文献的基本链和交叉索引链联系。宏文献基本表示文献之间的层次结构,宏文献的交叉索引链构成文献间任意关联的网络结构。

宏链是连接多个文献存储体的"绳索"。链可以是一个参考引用标识符,存储在一个数据对象中,以某个特征属性表示。这个链接指示符以统一的格式定义:

〈参考链〉= 主机名.文献名.节点名.锚定点标识符

其中主机名是网络服务器名,文献名为位于该服务器上的某个文献的名字。内容和关联可以定位到文献内部节点,或节点内的锚定点。

七、非格式化多媒体数据的存储

在磁盘操作系统出现之前,应用程序必须通过磁盘控制器发送命令直接把永久数据写到磁盘上,应用程序负责管理数据在磁盘上的绝对位置,还要小心是否覆盖了已存在的数据。随着计算机系统的发展,出现了磁盘操作系统,它为应用程序提供各种服务,包括管理永久数据的文件系统。有了文件系统,应用程序不再直接管理物理存储介质,而是简单地命令文件系统把数据块写在磁盘上,让文件系统去做具体的操作。文件系统还允许用户产生分层的数据存储结构,即目录结构。

文件系统提供了应用程序与磁盘之间的单级存取关系,结果是每个应用程序把文件看成磁盘上单个连续的字节流。现在,所有系统的 API 都可以为应用程序提供输入和输出功能,以对平面文件进行读写操作。一般情况下,这些 API 就已经足够了。

然而对于数据量较大的多媒体数据项,或多媒体对象来说,在单个平面文件中进行存储多个大型数据项就不再有效了。这就要求在单个文件的概念框架之内来考虑多个多媒体数据项的存储。即使用常规的平面文件方法存储分离的多个对象，但某个对象大小增加时，或只是简单地添加对象时，就需要把整个文件装入内存中，再插入新对象，然后保存整个文件，而这个过程是极其费时的。因此需要在单级存取关系上再增加一个层次，即二级存取关系。这里采用变长记录（VLR）存取结构，其最高发展层级是文件中的文件系统。由于多媒体数据是不定长的，所以用一个变长记录存储，一个变长记录作为多个数据块的单链表存储，变长记录由索引记录的索引项来寻址。

由于多媒体数据量巨大，随着库容量的增加，原来的物理盘可能存储不下增长的数据。解决的办法是延续库的存储，把增加的数据存在另一个磁盘上。虽然数据存储在分离的多个库中，而从逻辑上看，库是一个整体，即实现逻辑域位于多个物理和/或逻辑磁盘设备上。通过对媒体项索引的换算，从逻辑卷索引文件中定位实际库所在位置，然后再由库内部索引来存取媒体数据项。

第三节　文献信息的检索与分析

一、认识信息检索

信息检索能帮助人们快捷、准确、全面地获取所需知识，最大限度地节省查找时间，使我们的信息检索过程变得事半功倍，更使信息能够得到充分的利用。

我们目前面临的是一个崭新的信息社会。信息技术迅速发展，信息高速公路的飞快建设，使信息产品已经渗透到各个学科领域，信息的产出量呈指数级增长，信息技术已经成为人类认识世界和改造世界不可缺少的手段。

在当今社会生活的人，几乎每天每时每刻都与信息打交道。可能我们已经感觉到有的人往往做事容易成功，而有些人则不易成功，这在很大程度上是因为前者有较强的信息意识，能够掌握较多的信息，对所做的事情能够做出正确的判断，因而他们的成功率也就比较高。反之若信息意识差，不能及时收集信息，做出的决策往往会有偏差，成功率也就不会很高。信息检索方法是为实现检索目的而采取的具体操作方法或手段。检索信息的方法主要有两种，即直接检索和间接检索。事实上，现在的许多图书馆仍然在使用这样的分类层次来对收藏的资料进行分类。现在，计算机技术的发展使自动构建大型索引成为可能。也就产生了两种不同的检索策略，即以计算机为中心的和以人为中心的信息检索。在现在人们的生活中计算机已经普遍，人们用计算机网络检索的多些。

信息检索的发展是随着科学技术的进步而发展的。信息检索的发展可分为四个阶段：初级阶段，我国最早出现的检索工具书是汉代的《别录》，当时检索工具书主要是以图书目录为主，而且只为极少一部分人服务。第二阶段手工检索，信息检索的真正发展是在18世纪以后，科学技术不断发展，各种信息大量增加，同时产生了各种类型的文献，如图书、报纸、期刊、会议记录等。之后随着社会的发展需要，逐渐形成了完整的手工检索工具——目录、索引和文摘。第三阶段计算机检索，随着科学技术的发展，信息检索也在发生变革。1946年第一台电子计算机诞生以后，不久就被用来进行信息的存储和检索。第四阶段是网络检索时代，网络的出现，使我们的学习、工作及生活都发生了变化，使人们真正进入了信息社会。

二、信息检索的应用

书本检索工具具有查阅方便的特点，但同时受出版时间的限制，往往不能反映最新的资料。期刊式检索工具能反映最新的资料，但由于篇幅的限制，又不能全面反映资料的历史内容。查找学科方面的专题资料，首选的是专业性检索工具。因为它反映的是本学科领域内的文献，专指性强，能节省时间和精力。但同时，也要注意使用综合性的检索工具。因为综合性的检索工具能反映各个学科的内容，对于开拓知识面和视野具有极大的作用。

现代学科之间的渗透很多，查检综合性检索工具有时能得到意想不到的收获。尤其是国内的一些检索工具，往往采用分类进行编排，一些跨学科的文献往往分散在不同的类目中，因此，更要注意利用综合性检索工具。在检索中要注意将专题书目与综合性书目、专题索引与综合性索引、专业数据库与综合性数据库等配合起来使用。中文检索工具只能反映国内的研究成果，因此，要注意充分使用外文的检索工具，获得世界上最新的研究动态。只有了解国内外的研究动态，才能使论文具有较高的水平。如对书目的查找，除查找国内的《全国总书目》《中国国家书目》外，还要查找美国的BIP、英国的 BNP 等书目，则能掌握世界范围的研究动态。

三、文献检索方法

（一）布尔检索

利用布尔逻辑算符进行检索词或代码的逻辑组配，是现代信息检索系统中最常用的一种方法。常用的布尔逻辑算符有三种，分别是逻辑或"or"、逻辑与"and"、逻辑非"not"。用这些逻辑算符将检索词组配构成检索提问式，计算机将根据提问式与系统中的记录进行匹配，当两者相符时则命中，并自动输出该文献记录。

下面简要说明三种逻辑算符的含义。

（1）"计算机"and"文献检索"，表示查找文献内容中既含有"计算机"又含有"文献检索"词的文献。

（2）"计算机"or"文献检索"，表示查找文献内容中含有"计算机"或含有"文献检索"以及两词都包含的文献。

（3）"计算机"not"文献检索"，表示查找文献内容中含有"计算机"而不含有"文献检索"的那部分文献。

检索中逻辑算符使用是最频繁的，对逻辑算符使用的技巧决定检索结果的满意程度。用布尔逻辑表达检索要求，除要掌握检索课题的相关因素外，还应在布尔算符对检索结果的影响方面格外注意。另外，对同一个布尔逻辑提问式来说，不同的运算次序会有不同的检索结果。

（二）截词检索

截词检索就是用截断的词的一个局部进行的检索，并认为凡满足这个词局部中的所有字符（串）的文献，都为命中的文献。按截断的位置来分，截词可有后截断、前截断、中截断三种类型。

不同的系统所用的截词符也不同，常用的有 $、* 等。分为有限截词（一个截词符只代表一个字符）和无限截词（一个截词符可代表多个字符）。

截词检索也是一种常用的检索技术，是防止漏检的有效工具，尤其在西文检索中更是应用广泛。截断技术可以作为扩大检索范围的手段，具有方便用户、增强检索效果的特点，但一定要合理使用，否则会造成误检。

（三）原文检索

"原文"是指数据库中的原始记录，原文检索即以原始记录中的检索词与检索词间特定位置关系为对象的运算。原文检索可以说是一种不依赖叙词表而直接使用自由词的检索方法。

原文检索的运算方式，不同的检索系统有不同的规定，其差别是规定的运算符不同，运算符的职能和使用范围不同。原文检索的运算符可以统称为位置运算符。从 recon、orbit 和 stairs 三大软件对原文检索的规定可以看出其运算符主要是以下 4 个级别。

（1）记录级检索，要求检索词出现在同一记录中；

（2）字段级检索，要求检索词出现在同一字段中；

（3）子字段或自然句级检索，要求检索词出现在同一子字段或同一自然句中；

（4）词位置检索，要求检索词之间的相互位置满足某些条件。

原文检索可以弥补布尔逻辑检索、截词方法检索的一些不足。运用原文检索方法，可以增强选词的灵活性，解决部分布尔检索不能解决的问题，从而提高文献检索的水平和筛选能力。但是，原文检索的能力是有限的。从逻辑形式上看，它仅是更高级的布尔系统，因此存在布尔逻辑原有的缺陷。

当然，文献检索这门课程很有用，可是要学好也不是很容易，我们必须多练习、多搜索，经常去查询、去摸索，并且要仔细的静下心来学习，只有真正熟悉了各种数据库的检索方法，掌握了正确的检索方法，才能够快速而准确地找到自己真正所需要的文献资料。

第四节 文献信息的咨询和读者服务

一、网络环境下参考咨询服务的变革

（一）服务模式多元化

参考咨询服务是图书馆读者服务的重心所在，是体现图书馆读者服务水准的最高层次服务。高校图书馆传统的参考咨询服务方式多为单一、重复、被动的服务，是参考馆员坐在工作室里，以馆藏文献为基础，以卡片式、书本式的目录、索引、文摘等检索工具，有针对性地向读者提供具体的文献数据、文献检索途径和线索，通过人工检索为用户提供服务，基本上是参考馆员与读者的一种面对面的被动服务模式。在网络环境下，由于参考馆员与用

户的咨询服务方式直接在网络上进行，有效地克服了地域的障碍，不再受时间与空间的限制，因此，咨询服务不再是面对面，已从一对一的模式变为一对一、一对多、多对一、多对多的多种模式并存的多元化格局。

（二）服务对象社会化

传统的高校图书馆参考咨询服务的对象仅局限于本校师生，其目的主要是为学校的教学、科研服务。由于网络的贯通，网络用户已没有地域限制，人们只要在自己的终端前就可以随时进入高校图书馆网络系统进行咨询，高校图书馆成为网络中的一员，成为资源共享的一部分。因此，其参考咨询服务的对象也不再局限于本校的师生，无论是来自世界任何地区的咨询要求都可以通过联网得到应答，这将有利于促进高校参考咨询服务社会化。

（三）服务手段技术化

在网络环境下，以网络为中心的计算机技术、网络技术、通信技术、信息数字化技术以及多媒体技术在图书馆得到广泛应用，使高校图书馆的咨询服务手段从传统走向了技术化。由于计算机终端的广泛使用和通信网络的联通，用户通过计算机网络坐在办公室或家中就可访问图书馆，参考馆员通过在网络上进行交互式或以电子邮件的方式与用户交流，解答咨询，并可通过FTP进行资料的电子传送。网络环境可为用户提供各种功能强大、灵活、方便、实用的检索工具。用户既可以进行光盘检索、联机检索，还可以在网上查询所需要的信息，同时还可以通过网页向全球发布信息。这是一种双向主动式的服务手段。

（四）信息资源数字化

信息资源是参考馆员为用户提供信息服务的基础，卓有成效地参考咨询服务必须依赖于丰富的信息资源。传统参考咨询服务的信息资源，主要以馆藏文献的各种书目、索引、文摘及各类工具书等印刷型文献为物质基础。在网络环境下，图书馆拥有丰富的信息资源，参考咨询的信息资源突破了传统的工具类型，从载体形式到内容都呈现出多元化的趋势，如各种电子图书、光盘数据库、网络数据库、多媒体数据库、数字化期刊等非印刷型出版物等。越来越多的参考工具和检索工具转化成动态的、时时更新的数据库，连续出版物成为动态的电子文献，还可通过Inter-net访问全球性的"虚拟图书馆"，通过Internet网络，可以跨越时间与空间，在全球范围内搜索大量的动态信息。现代参考咨询服务不再像传统的参考咨询那样主要以馆藏文献资源为基础,馆藏资源已突破了本馆的界限,成为本馆馆藏与馆外网络资源的结合,突破了"馆藏"的概念,转向包括网络信息资源在内的全球性"虚拟图书馆"的数字化信息资源。

（五）检索工具现代化

现代信息技术的发展为网络服务提供了强大的物质基础和有力的技术支持。相应的检索方式已从过去单一检索点的线性检索,发展到可以进行多元多检索点的布尔逻辑组配检索,从文本检索发展到超文本检索。提供的信息不仅包括目录、索引、文摘、全文等文本型信息,还包括程序、声音、图像和多媒体信息。同时网络环境下各种信息资源的检索途径多,检索速度快,可大幅度提高检索的速度及查全率和查准率,对检索中文献还可以方便地进行编辑、粘贴、保存、复制和传递。

二、深化图书馆参考咨询工作的思考

（一）进一步完善服务设施,加强文献信息资源建设

网络环境下高校图书馆的信息咨询服务,是以现代化设备为技术支撑,通过数据通信网络来实现信息的存取与传递。因此,完善的基础设施无疑是搞好参考咨询服务的技术条件保障。网络环境下,电子化信息资源便于计算机和网络的高密度储存、高效率处理和高速度传递,是图书馆信息咨询服务的重要媒体。因此,要通过合理配置和有效协调文献购置费,适度增加联机数据库、光盘数据库和电子刊物的订购量,同时要注意开发网络资源,通过互联网把境外资源引进来,建立镜像数据库,可以利用镜像技术将网上数据库套录下来,建立各种专题数据库,供读者查询,既可避免读者重复上网,又可为用户节省大量昂贵的网络通信费用。除电子化信息资源外,还要加强书刊文献资源建设。尽管联机检索、光盘检索、网上信息资源非常丰富,但在现阶段利用书刊文献资源,开展参考咨询服务仍是高校图书馆的主要服务形式之一。因此,建设参考阅览室的文献资源保障体系,仍是高校图书馆增强参考阅览室功能、深化参考咨询工作的当务之急。

（二）建立图书馆主页

网络使高校拥有成百上千个终端,联系各个系部处室及学生、教师宿舍。图书馆的主页（Homepage）是网络咨询服务的核心,通过主页咨询,用户

可以方便地了解到常规性图书馆知识，如馆情介绍（图书馆建筑、馆藏结构、机构设置及部门职能、本馆历史简介、馆藏文献类型、开馆时间等）、馆藏目录查询、读者借阅状况查询和预约等；一些常用的检索工具和检索技巧；建立电子公告板（BBS），发布新书公告等。因此，设计、制作和维护好主页，是做好网络咨询服务的重要一环。

（三）开展网络知识培训和网络导航

图书馆网络将发展成为越来越庞大、越来越复杂的协作系统，网络信息的组织方式、检索和获得方式较之传统文献组织、检索获得方式更为复杂多样，技术含量高，对用户信息能力要求高，且网上信息资源的多元化和随意性，还存在良莠不齐、难以控制和鉴别等问题。这对于尚缺乏计算机知识和网络知识的用户来说，进行有效检索和利用网上信息资源有一定的困难。因此，应重视对用户进行网络知识培训和网络导航。开展网络知识培训服务，是在网络环境下做好咨询服务的一个重要前提。培训的形式可以多种多样，既可以主办培训班实行面对面教学，也可以设立"网络教室"实行网上教学。培训内容主要是网络基础知识的普及，包括Internet和WWW的简介、常用网络查询工具的使用、电子邮件（E-mail）的接收与发送、网址搜寻方法、网络信息鉴别以及文件的下载方法等。

（四）建立高素质的网络咨询队伍

高校图书馆要深化信息咨询服务，必须造就一支综合素质较高的信息咨询服务群体，才能适应网络时代参考咨询服务的要求。网络环境下的参考咨询馆员必须具备以下素质：①必须具有高尚的职业道德，树立为人民服务的思想，恪守"读者第一，服务至上"的职业道德。②要具备合理的知识结构。参考馆员必须具备图书情报学的基础知识、计算机技术、网络技术、通信技术和多媒体技术、网络信息检索技术在内的现代信息检索技术。③一定的外语水平。目前各种检索软件以及网上资源大多是英文的，中文的网上资源很少，要想及时跟踪获取先进国家的最新信息，没有较好的外语水平是无法胜任这项工作的。④强烈的信息意识和较高的信息处理能力。参考咨询馆员要有敏锐的信息意识，较强地捕捉信息技能，准确地分析和快速地传递各种有用信息。信息处理能力是获取、加工、吸收信息的能力。

因此，良好的综合素质是参考馆员为用户提供多层次、全方位、高水平的信息服务的重要保证。

三、读者服务

读者服务工作，是指图书馆围绕读者在使用馆藏图书过程中的各种要求，而进行的各项直接为读者服务的活动。读者工作的根本任务是充分利用图书馆的藏书，最大限度地满足读者的需要，包括图书流通、宣传、阅读辅导和解答参考咨询等。读者工作是一项服务性的工作，必须根据办馆方向和任务，根据读者的需要，按照图书馆工作自身的特点和规律，通过馆内阅览、图书的宣传推荐、阅读辅导、书目索引、解答读者咨询、开通预约服务等各项业务活动，为读者普及科学文化知识，为科研、教育、教学提供图书资料。

读者服务工作，要通过读者利用藏书的效果、图书流通率的提高、藏书的补充是否切合读者的需要、藏书数量能否满足读者的要求、图书目录能否充分提示馆藏等来衡量。图书馆的各项业务工作，只有围绕读者工作这个中心环节进行，才能目标明确、生动活泼、富有朝气，从而发挥其应有的作用。

（一）扩大读者队伍，稳定读者队伍是重点

现代图书馆作为公益性文化教育机构，是以提高广大公民素质，传播先进有益的科学文化知识，满足人们日益增长的文化教育的需求为目的。可见，读者是图书馆生存的土壤和条件，是图书馆发展的直接动力。图书馆通过读者的利用才能体现其社会价值，且利用率越高价值越大。

第一，为了扩大并稳定读者队伍，使图书馆资源得到充分利用，学校图书馆加强了发证工作并调整了师生的借阅权限。对于新的年级将原来的办证时间从一个月缩短到两个星期，学生的丢失补办由原来的一周变为现场办理，教师的借阅证的办理程序更是大大缩短了时间，与学校人事部门配合即到即办，先给借阅号再补办借阅卡。对于有着良好借阅记录的师生采取扩大借阅权限和出红榜的方法，调动读者的阅读积极性，也减少了不良记录，从而提高了借阅率。使读者感到图书馆是他们学习、生活的好帮手。

第二，增加服务项目，吸引更多读者利用图书馆。除了继续完善馆内阅览、图书的宣传推荐、阅读辅导、书目索引、解答读者咨询工作外，今年又开通了预约服务。

第三，延长服务时间，吸引更多的读者到图书馆学习，更新知识，掌握技能，提高素质。

第四，可举办丰富多彩的读者活动，在校园内形成利用图书馆的时尚氛围，使之成为人气最旺的公众聚集场所之一。

针对学生，从三个方面开展工作，第一，激发兴趣，促成阅读。例如，建立特色书架，请语文、英语教师向学生推荐优秀作品；请学生中阅读量大的学生通过制作PPT和写读书体会的方式向其他同学推荐好书；配合我校中小学教育教学目标，开展书刊知识竞赛、奥运知识竞赛、读书笔记展览等活动。第二，传授方法，指导阅读。充分利用我校的教师资源，开展集体借阅活动，建立班级图书管理制度，开展集体阅读活动，由教师加以引导。第三，鼓励先进，坚持阅读。例如，在中小学生中开展读书三甲的评选活动；在中小学生中开展优秀志愿者的评选活动，在读书的同时，培养学生热爱公益活动和为他人服务的意识；在中学生中开展红读DV活动；当学生在获得成功后，会更坚持大量的广泛地阅读，良好的读书习惯也就随之形成。同时个人的进步往往又是同学们效仿的榜样，这样在学生中就会形成浓厚的阅读氛围，其意义也就更加深远。

针对教师，主要是开展新形势的读书活动，打造品牌活动，将教师阅读引向深入。第一，从21世纪初期至今，图书馆在老师中开展"享受阅读"的读书活动，目的是引导老师多读书，读好书，以提升自己的综合素质同时让老师们能够充分而有效地利用图书馆。根据每学年教师读书的情况，列出教师读书排行榜，先后评选出阅读使用教育教学图书最多的近六十位老师和四个学习型教研组、备课组，由学校给予他们特别奖励，为其他老师树立榜样，从而带动更多的老师走进图书馆。进而推动书香校园的建设。第二，打造品牌活动，围绕促进教师多元成长的主线，引导教师多读书、读好书，教师阅览室开办了"本周读报"作为教师自己的图书宣传小报。有名师导读、教师读书有感、最新教育教学论著导读、本馆教育资源推荐、育英书虫等栏目，特别是"育英书虫"栏目邀请我校中小学的部分教师将他们的读书心得写出来与大家交流，共印发24期500份小报。开展"教师讲坛"活动，引导师生共读，既提高了学生的阅读、欣赏水平，又为教师提供了一个展示自己阅读收获的平台，实现了师生双赢。

（二）切实做好学校图书馆读者服务工作是重中之重

1. 做好读者服务工作，满足读者阅读需要，是图书馆工作的目的

（1）树立全心全意为读者服务的思想和良好的服务态度

读者服务工作人员要热爱图书馆事业，热爱读者服务工作，热爱自己的服务对象——读者，树立全心全意为读者服务，对读者负责的思想，急读者所急，想读者所想，工作认真负责，耐心细致，对读者热情谦逊、文明礼貌。服务人员是图书馆的一个基本特性。当读者遇到困难，如所借图书缺藏或已借出时，能主动宣传推荐内容相近的图书。当读者所提要求无法达到，甚至所提要求不尽合理时，也能做到耐心解释，态度和蔼，这样才能密切图书馆与读者的联系，很好地完成读者服务工作。

（2）具备一定的图书馆业务知识和科学文化知识

读者服务工作人员要熟悉自己的业务，具有一定的文化科学知识，恰当安排工作。要熟悉馆藏图书，熟悉读者，熟练地使用工具书，要了解和掌握本馆藏书的一般情况和藏书特点；重点了解各学科基本著作；了解和掌握各种工具和各种参考工具书，结合工作实际勤翻多练，做到工作得心应手。

2. 做好图书流通工作

对学校图书馆来说，服务对象主要是教职工和学生。教学的流通工作是学校图书馆读者服务工作的主要内容。读者阅读需要具有明显的阶段性。如在开学、上课、考试、放假，每个阶段教学活动的内容和特点不同，读者在对图书的需要方面，不同阶段也有明显的差异。考试阶段，学生忙于全面系统复习功课，这时候读者的需要将集中于一定数量的最主要的教学书。在放假期间，时间比较充裕，学生经过一段紧张的考试之后，需要适当休息。这一阶段读者的阅读需要比较广泛，借书品种多。特别是文艺书籍、长篇小说的需求量大大增加，一般科技知识读物、青年修养读物等的流通量显著增多。

学校图书馆的服务工作，主要是为教育、教学和科学研究服务。为使馆藏文献做到"各有所用"，使读者做到"各有所需"，学校图书馆要以教师的教学和科研需要为重点，有区别地为教师、学生的不同需要服务。同时要兼顾师生员工对书刊资料多样化的要求，全面开展服务活动。

3. 做好宣传辅导工作

图书宣传，是运用各种形式宣传图书，提示馆藏，引导读者了解图书，

利用图书，扩大图书的流通范围，更有效地发挥藏书的作用。可开展书刊展览，如新书展览、专题展览；宣传橱窗；报刊剪辑；编印新书通报；编制书目、索引；报告会、讲座；图书讨论会；故事会、朗诵会等各种方式方法，以此宣传图书馆，使读者更好地利用图书馆馆藏资料。

4.做好参考咨询工作

图书馆可以根据读者的要求，利用工具书和各种书刊资料，迅速、精确地答复读者咨询的问题；编制书目，提供书刊资料，供科学研究、教学参考使用。开展对读者的咨询解答和书目参考工作，可以解决读者对书刊资料的需求和他们对所需书刊资料了解不足的矛盾，帮助读者解决查找文献资料的疑难，缩短科研人员查找资料的时间，从而加速科学研究的进程。

此外，我们应当抓住光盘、数字图书馆等电子资源优势，推动电子阅览发展，如建设特色的学科资源，围绕点资源开展活动等。

总之，学校图书馆要做好读者服务工作，就要根据不同读者的需要，提供不同的服务方式，以达到最好的服务效果。采取有力措施，使图书馆读者服务工作的作风、内容、方式、手段等都紧紧顺应其发展趋势的需要。使读者了解图书馆、有效地利用图书馆，并对图书馆工作给予支持和监督，使读者在利用图书馆的过程中得到最大的收益，使图书馆更好地为科学研究、教育、教学服务。经过我们的努力，我校图书馆的读者服务工作已经取得一定的成效。成为我校素质教育的一个亮点。今后我们将不断研究读者的阅读倾向，开展读者喜闻乐见的读书活动，向更高的阶梯迈进。

第五节 知识与技术的应用

一、关键词统计和分析的概念

情报学的关键词随着社会与技术的发展应运而生。信息技术的飞速发展、信息资源类型的进一步多样化、用户信息需求的复杂化与专深化，给图书情报服务带来了各种新的挑战，也提供了多种发展契机。为了准确把握图书馆学的研究现状和热点，明确图书馆学前沿领域和发展趋势变得尤为重要。

关键词是表达文献主题概念的自然语言词汇。一个学术研究领域较长时域内的大量学术研究成果的关键词的集合，可以揭示研究成果的总体内容特征、研究内容之间的内在联系、学术研究的发展脉络与发展方向等。文献计量学是以文献或文献的某些特征的数量为基础，来论述与预测科学技术现象与规律的情报科学分支。关键词分析则是该学科的重要方法，是一种将文献中诸多因子联系起来的引证分析方法，它能够科学评价文献、文献作者和文献的学术水平，揭示学科热点和发展趋势。

国内一些研究者已经开始尝试通过分析主题词、篇名词或关键词的词频，描述某学科领域的研究状况，通过词频分析描述该学科学术研究状况，进而揭示情报学的研究热点和发展趋势。

在对关键词进行统计时去除了研究、发展、开发、利用、应用、发展趋势等非实质性词语，为了消除不同年份论文篇数波动造成的影响，以某年度每个关键词出现的次数占当年文章总篇数的百分比作为该年度该关键词的词频值。

关键词是论文的文献检索标识，是表达文献主题概念的自然语言词汇，能够简单、直接、较为全面地概括论文的核心研究内容。

高频关键词可以反映学科的研究热点，而关键词的变化也可以在一定程度上反映学科的发展趋势。但词频只能反映单个关键词的受关注程度，而无法反映词与词之间的内在联系，无法找出研究主题。

共词分析法是利用文献集合中关键词共同出现的情况，来确定该文献集合中各关键词之间的关系。一般认为词对在文献中出现的次数越多，这两个关键词的关系越紧密。由此，便可形成一个由这些关键词所组成的共词网络，网络内节点之间的远近便可以反映主题内容的亲疏关系。

社会网络分析方法中的程度中心性体现节点的地位优越性，反映一个节点与其他节点直接相连的次数的多少。派别分析通过比较子群内部成员之间的关系强度相对于子群内、外部成员之间的关系强度来区分派别。因此，本书采用程度中心性和派别分析对情报学期刊论文的关键词进行共词网络的可视化展示与分析，以揭示其研究热点和研究主题。

聚类分析是根据事物本身的特性研究个体分类的统计方法，它基于数据的相似性分类，将当前最亲密的对象合并为一类，直到所有个体聚为一个大类为止。

通过综合情报学领域期刊论文的关键词的词频分析结果，我们可以很轻松地得到如下结论："检索"是情报学领域的核心研究内容，实现检索的机械化、自动化是情报学的研究热点；网络技术给情报学检索技术的发展带来了技术支持。计算机网络技术在情报学领域的应用已由蓬勃发展阶段逐渐走向成熟阶段。新的检索方式和方法的成熟为情报定量研究分析创造了成熟的条件，引文分析、统计分析等文献计量研究趋于活跃。

二、基于关键词统计与分析的情报学

通过共词网络图、聚类结果以及对两个阶段的研究主题进行筛选的结果可以看出，现今的情报学相对于前几年的情报学的研究领域更为广阔，领域之间界限更加分明，对重点主题的研究更加深入与集中。图书馆理论与实践研究一直是情报学的研究重点。现在，基于关键词统计与分析的情报学研究主题的变化趋势如下。

（一）更注重"以人为本"

以用户需求为目标提供个性化服务，并对服务质量进行评价，而且对图书馆不仅仅进行创新管理研究，还进行危机管理研究。

（二）知识管理研究不断深入

知识管理的内容和环节包括知识获取、知识共享与转移、知识运用、知识创新。知识共享、知识转移和知识地图也成为情报学的研究重点。这是因为知识创新是知识管理的目的，而知识共享与转移是知识管理中极其重要的基础性工作，也是知识创新和知识应用的前提条件，且是最终达到企业及所有成员知识增长的重要手段。

（三）技术手段不断加强

传统的情报学，其主要特点在于用户通过浏览器获取信息。基于关键词统计和分析的情报学，通过互联网技术的加入，情报学则更注重用户的交互作用，用户既是网站内容的浏览者，也是网站内容的制造者与提供者。

（四）研究方法不断完善

传统的情报学研究方法主要集中在定性研究上，其中最主要的是比较研究和对策研究方法。与过去相比，基于关键词统计与分析的情报学更注重理论研究与实证研究相结合、定性研究与定量研究相结合的研究方法。现在的情报学研究方法应用更广泛，主要表现在：文献计量、信息计量、网络计量等计量方法的应用与推广；用层次分析法建立指标体系对图书馆、绩效、网站等各种新旧事物作评价分析；将向量空间模型等建模方法应用于检索领域；知识图谱等可视化方法使事物内在联系与规律更加直观、形象。

三、图书情报学研究的重要知识域辨析

图书情报学的知识域辨析，就是指的图书情报学的知识管理体系。知识管理的起源，图书情报学界尚未达成统一意见，但能够确定的是知识管理首先应用于企业管理领域，是信息管理发展到一定阶段的产物，具有鲜明的时代特征。知识管理的产生是多方面共同作用的结果，知识经济为知识管理提供了平台，企业管理为知识管理提供了理论依托，信息管理为知识管理提供了技术支持。1986年的联合国国际劳工大会上首次提出了知识管理这一概念，但在知识管理理论萌芽阶段，它并未得到过多的关注。直到19世纪20年代，美国、日本、欧洲各企业开始陆续将知识管理这一概念引入企业内部。自此，知识管理作为一种全新的管理模式开始在企业管理中如火如荼地展开，并迅速地向其他行业、其他学科拓展。

（一）知识、信息管理及知识管理的区分

知识管理在情报学中具有非常重要的作用，我们要想弄清楚知识管理与情报学的关系并做进一步深入研究，首先应当对知识、信息管理以及知识管理的概念有充分的理解。在有关知识管理的文献中，知识可划分为显性知识、隐式知识及隐性知识三类。

所谓显性知识，即是以有形形式存在的知识；隐式知识，这种知识是无形的但是可以实现显性化；隐性知识是一种无形的知识，极难实现显性化。

从字面意思来看，信息管理就是对信息的加工与整理。赖茂生教授用8个方面内容属性对信息管理进行诠释，即信息管理包括对信息的采集、揭示、组织和控制；信息资源的配置和管理；信息传递与交流；信息研究、咨询与决策支持；信息技术管理；信息服务与用户管理；信息经济管理以及信息政策和法律。以上内容概括了信息管理的主要研究方面，共同组成了信息管理的研究主体。

信息管理发展到20世纪80年代末期，知识管理这一名词开始在企业组织内部出现。在国外，达文波特在知识管理运动中为其所下定义至今仍受学界广泛认可，即知识管理是一个对知识进行收集、分配以及有效利用的过程。无论信息管理还是知识管理，都是信息技术发展到一定阶段的产物，二者的

区别在于，前者更侧重于技术方面，重视对显性知识的加工处理，而后者将重点转移到了隐性知识上来，尤其是对企业员工或情报人员头脑中的知识有效开发和整合的过程，特别强调创新和培养集体学习创造能力这一理念。因而，知识管理是对信息管理的延伸和发展，我们可以大胆地预言，信息管理作为知识管理的基础将有被知识管理融合取代之势。正如电子产品取代传统通信工具一样，现在正处于二者并存的过渡阶段，这样的阶段是必不可少的发展过程，而信息管理完全过渡到知识管理阶段还需一定过程的积累。

（二）知识管理态势下情报学的研究内容

进入21世纪，情报学与知识管理二者的互动更加突出，知识管理对情报学的影响是多方面的。我国的图书情报学专家赵益民、柯平将其影响归纳为5个层面，包括理论研究、工作实践、研究方法、研究内容以及专业教育层面。情报学与知识管理有着天然的密切联系，近年来知识管理的兴起和发展推动相关学术活动的开展，对研究内容、学科体系和理论基础等多个方面对情报学的理论研究产生了影响。在知识管理的影响下，情报学研究内容的变化是比较突出的，趋向"知识化"。诸如知识组织、知识服务、知识挖掘、知识地图、知识螺旋、网格技术、语义网等新的名词开始进入人们的视野。

1. 知识地图

知识地图的概念首先由英国情报学家布鲁克斯在其著作《情报学基础》中提出。知识地图实际上是对情报机构的知识目录总览，将已经形成的知识目录形象化从而方便情报人员的管理和使用。作为知识管理技术之一，它被应用于情报学领域可以保障情报研究工作和知识交流工作顺利进行，提高工作效率，避免因资源不足或经验缺失造成的资源浪费，是对情报学技术的丰富和发展。究其实质，知识地图可以被视为利用现代技术制作的组织知识目录及其关系的综合体，主要解决"知道谁"和"谁知道什么"的问题。知识地图构建采用了文本索引、关键字提取、术语加权和分类/聚类等技术。以上技术理论基础多源自图书情报领域，对情报学来说，知识地图技术并非外来客体，而是与该领域息息相关，二者在互相影响渗透中不断发展壮大。知识管理与情报学具有天然的血缘关系，数据、信息、情报、知识一直是情报学的基本研究术语，而知识管理领域将基本研究要素定位为知识，理论基础方面二者直接存在交叉。此外，二者都直接或间接地起源于对文献信息资源的管理和研究。秦铁辉等用知识管理与文献信息管理关系模型对知识管理的渊源进行了追溯，论证了知识管理与信息管理的关系，认为它是随着信息管理功能演进以及管理阶段向前推进而不断发展的过程，这一论述的论证祥实，是十分符合逻辑的一种推理。

2. 知识螺旋

知识螺旋关键词理论由野中郁次郎在其1989年的著作《知识创造的企业》中首次提出，他特别强调组织和调动个人的隐性知识，将其应用于组织内部并经过社会化、外化、整合和内化四个阶段，使隐性知识和显性知识相互转化，使个人的隐性知识得以传播，然后使其外化到显性知识层面，进而将个人知识吸收到组织内部并加以显性化，最终内化成为组织隐性知识的过程。知识螺旋理论不仅可以应用于企业内部，在各种组织机构内部使用也会取得良好的效果，它实际上是对知识进行创新的全过程。作为知识管理的关键理论之一，情报工作者的工作目标本身就是对知识资源的获取、加工、转化、共享及创新的过程，掌握知识螺旋理论有助于情报工作者有效管理知识，在信息技术飞速发展的时代把握不断更新的知识并加以有效组织利用。虽然以上两个关键词不足以反映知识管理理论全貌，但是可以在一定程度上呈现知识管理理论的内涵。

（三）情报学研究的重要知识域发展路径

1. 以用户为基础，实现共享

情报学研究的重要知识域的发展与社会经济的发展相一致，都是以用户为基础，实现共享。随着知识经济社会的发展，知识管理的影响愈加明显，情报学界一批学者开始将研究视角转向知识管理，北京大学秦铁辉教授是在此领域较有建树的专家之一。知识管理作为一种新兴的管理模式，秉承着为知识创造提供便利、为人们共享知识提供方便的原则，为情报学带来新技术、新思路的同时也在潜移默化地引发变革。"知识共享"是在知识管理的大环境下衍生而来，它是知识管理的关键与核心，同时也是知识管理中的最大难点。2001年，南美国劳伦斯·莱斯格发起的知识共享协议开始实行，目前已经建立起一个名为知识共享的组织，在全球各地引起了强烈反响。

在我国台湾地区首先建立"CC"这一知识共享组织并对知识共享进行了彻底的贯彻，在内地由中国人民大学牵头发起的知识共享本地化也取得了一定的成果。传统的著作权通常面临两种极端——过分"保留所有权利",抑或"不保留任何权利"。该组织为使著作物能更广为流通与改编,作为其他人据以创作及共享的基础,致力于寻找适当的法律确保上述理念。这是知识共享应用的一个极佳事例,我们所了解的网络公开课程以及百度百科、新浪信息共享栏目都是信息共享的应用实例。但需要指出的是,信息共享并非互联网的专利,图书情报界也十分强调知识共享理念,它所提倡的开放获取理念是知识共享理念的最好诠释,它倡导在新的网络环境下,任何人都可以及时、免费、不受任何限制地通过网络获取各类文献。对图书情报界而言,知识共享是大势所趋,作为信息资源的拥有者,他们不再像传统图书情报机构一样重藏轻用,而更注重对知识的组织和利用,一方面将所拥有的隐性化知识内化为自己所吸收以更好地为用户服务,另一方面使用推送技术等手段将资源共享给读者而不是等待读者上门索取。此外,由于信息资源的载体发生了变化,纸质读本逐渐实现了电子化,因而我们应当顺应趋势,用更主动的方式对网络资源进行有效整合以方便读者使用。还应当注意实现资源分配的均等化,做好调查研究,以保证资源更好地分配到资源贫困区。如何有效为弱势群体、知识贫困者服务是知识共享过程中特别应当重视的一个课题。

2. 竞争情报与知识管理

竞争情报是在全球化的大环境下各大企业间竞争日益加剧的结果。在企业管理的过程中,获取竞争对手的商业情报至关重要。与此同时,知识成为企业的最高财富,要想获取情报,知识管理技术手段是必不可少的。二者都是以信息和知识为研究对象,以提高企业竞争力为目标的,同时他们有着共同的管理理念和实施策略,正是这么多的共性将竞争情报与知识管理紧密相连的结果。但其并非是企业管理的专利,也并不是只为企业而服务的,我们在探索情报学研究的过程中亦可以适当借鉴企业管理经验,取之所长以丰盈情报学理论支撑和技术手段。郭妍在其研究生论文中对知识管理与竞争情报的整合性研究进行了可行性分析,并指出竞争情报可使知识管理获得最快、最高的投资回报,竞争情报方法论适用于知识管理的全过程。

有关整合研究的论述同样适用于情报学领域,如果情报部门能有效将竞争情报与知识管理整合,将大大提高知识资源的共享程度并有利于提高情报服务的效率。图书情报工作者提供服务的对象的知识构成具有复杂性,服务群体也多元化，因而在服务的过程中常常面对这样的问题：一旦本次服务为用户提供了便利，他有可能再来主动寻求帮助，但是如果没有为用户提供很好的用户体验，我们将间接失去一批用户，而且这种损失往往是不可弥补的。因而，在提供服务的过程中，我们应当不断丰富完善工作人员的自身专业技术水平，提高服务质量，为更多的用户提供帮助。在整个服务过程中，以人为本是要始终贯彻的理念。

3. 情报学教育的新变革

知识管理作为一门独立的学科在与情报学不断融合的过程中，也被逐渐纳入情报学的基本研究框架之中。这是因为知识管理作为与情报学相关的学科，二者在研究内容上有一定的交叉，知识管理作为经济社会的新兴产物，其与情报学的结合将更有利于推动和丰富情报学的发展。在国外，尤其是开设情报学专业课程的欧美地区高校，已经意识到了这一点并逐渐形成了较为成熟的知识管理课程体系。以俄克拉荷马大学图书馆学与信息学学院开设的课程为例，该学院开设有专门培养知识管理方向研究生的硕士学位课程，为学生设定的必修课包括：信息与知识社会、信息与知识的组织管理、信息与知识资源组织、信息社会中信息用户研究以及信息和通信技术。选修课程包括信息组织、分类与编目一类图书情报学基础理论课程以及生物目录学与参考资料、儿童青少年与成人印刷及非印刷资料选读等课程，读者可以根据自身的兴趣点以及薄弱环节自主选择课程进行学习。这种课程方式更具针对性、人性化，它与国内研究生培养体系不同的是。在研究生必修课的设置方面，通常国内要求学生在修完所有基础理论课程之后再根据研究方向来学习相关课程，而本课程体系一开始就为学生开设了全套的知识管理课程，极具针对性。简言之：二者的区别在于国内注重教学的广度，国外教育更加注重深与专。这样设置课程的优势在于更加有针对性地培养出具有不同专长的学生，并使研究生能够快速掌握自己的研究方向进行自主研究。我国著名情报学家王知津教授在情报学教育方面取得了丰硕成果，尤其在中美情报学硕博方面做了大量研究，他在2009年发表的文章中就已指出，此前图书馆学的研究经历三个阶段：经验图书馆学、理论图书馆学与文献信息学。我国图书情报学博士研究方向正处在第四个阶段——信息管理学，并向下一个阶段——知识管理发展。目前，北京大学、中国人民大学等有资格培养情报学博士的高校均已陆续开设知识管理研究方面的课程，这反映了国内情报学界对知识管理的重视，同时我们也欣喜地看到知识管理融入情报学的教育当中，为其注入了更多的生机与活力。

由于社会经济的快速发展和科学技术的不断提高，人们对于情报信息的需求是巨大的，且是善变的。知识经济时代继续将知识管理与情报学进行整合是十分必要的。知识管理将为我们提供更广阔的视角、为情报学研究注入更多生机与活力。情报学的重要知识域在情报学不断发展与完善中扮演着重要的角色。

四、图书情报学知识图谱的构建与解读

当今社会信息技术发展日新月异，互联网技术、数据库技术、人工智能技术等在各个领域的应用日臻成熟。信息化、数字化时代的到来，信息的获取和利用日益方便和快捷，为科学研究提供了不可或缺的分析基础，这些都为科学计量学的研究奠定了发展基础。

知识图谱是显示科学知识的发展进程与结构关系的一种图形，它以科学知识为计量研究对象，属于科学计量学范畴。它是基于内容分析、引文网络分析和信息可视化及相互关系的一种图形，已经成为当前科学计量学中比较热门的研究方法。知识图谱在图书情报学领域也称为知识域可视化或知识领域映射地图，是现实知识发展进程与结构关系的一系列各种不同的图形，用可视化技术描述知识资源及其载体，挖掘、分析、构建、绘制和显示知识及它们之间的相互联系。

（一）图书情报学知识图谱的构建

1. 数据获取和处理

对于高频主题词的提取，目前国内外还未形成统一权威的标准。大多数学者在选择小样本主题词时都是按照词频大于某个特定值的方法，认为大于这个特定值即可认定该主题词是高频主题词。此外，还需要考虑提取的高频主题词占所有主题词词频的比重，根据主题词累积词频的变化截取高频主题词。

2. 共词分析

共词分析是一种内容分析技术，它通过分析在同一个文本主题中的款目对共同出现的形式，确认文本所代表的学科领域中相关主题的关系，进而探索学科的发展。共词分析的主要作用是通过对高频主题词的聚类，发现研究对象的分析热点和主要内容，深入揭示相对应的研究结构，进而系统探讨其研究维度、学科背景和理论基础，以期进一步把握其研究现状、学术热点及发展趋势。

3. 相关分析

相关分析是研究现象之间是否存在某种依存关系，是以分析变量间的线性关系为主，研究它们之间线性相关密切程度的一种统计分析方法。通过相关分析，界定任意两个主题词之间的距离，以及这种距离所代表的关系，从而进一步确定主题与主题直接或正或负的联系。

相关分析是整个数据处理过程中比较简单的一步，却至关重要。SPSS的统计分析建立在相关系数的基础上，需要基于相关矩阵表进行。因此，须将以上共词矩阵经过特定的相关性转化为相关矩阵，以便SPSS统计分析。共词矩阵转化为相关矩阵通过Excel来完成，具体步骤如下：在Excel中加载宏，导入分析工具库——VBA函数，使用Excel中自带的数据分析模块进行相关系数的计算，通过"工具"—"数据分析"—"相关系数"，对共词表中的每一列进行相关系数的运算，由此可以得到完整的100×100的相关矩阵表。得到100×100主题词相关矩阵后，就可以通过SPSS统计分析工具进行因子分析、聚类分析以及多维尺度分析，并构建图书情报学知识图谱。然后通过SPSS对主题词进行了一系列的因子分析、聚类分析和多维尺度分析，在此基础上得到图书情报学研究的各个大类。

（二）图书情报学知识图谱的解读

1. 基于主题词的总体分析

对主题词的总体分析主要是对研究范围内选取的样本进行SPSS分析后获取的前100位的主题词上，在图谱构建中主题词对应的百分比就表示在这一年该主题词出现的次数占该年所有提取的主题词总词频数的比重。"平均比重"则表示该主题词在研究年限范围内的平均值；"变化状态"表示研究年限范围内的变化情况，会有"持续上升"和"持续下降"两种情况；"无显著规律"则表示该主题词在研究年限内变化比较反复；研究年限中的"末年比初年增长幅度"表示末年比初年的增长比例，用以衡量该主题词在末年的关注度和热度相较初年的情况，比例越高，增速越大，发展越快。

2. 科学发展态势

综合以上对图书情报学 11 大类研究主题的内容剖析和现状分析可以看出，现阶段的学科发展主要集中在图书馆实体研究、资源对象以及学科基本信息理论三个方面。而在每个方面下，又有不同的发展侧重点，如在实体研究中，主要是根据系统的观点，将图书馆划分为结构、职能、作用、类型、表现形式各不同的子元素，研究多集中在学术图书馆、图书馆人员和图书馆的地域研究上；在资源对象方面，主要是将图书情报学的研究对象——信息资源作为研究主导，尤其针对目前网络信息资源迅猛发展的情况，因此研究多集中在网络资源的检索与评价方面；在学科基本信息理论方面，研究则多集中在管理和技术两大方面，其中管理侧重于对信息资源管理和知识管理的研究，而技术更多的是面向检索技术和存储技术的研究。

在知识经济发展的大环境下，知识图谱的应用受到了越来越多的关注，而关注的增多必将会带来更加深入的研究。如今对知识图谱的研究多数还只是局限在对某个特定主题的分析之上，对学科领域的研究不是很多。今天的各行各业，在充分了解自身行业特点的同时，可充分借助情报学知识图谱的分析，通过可视化显示科学的发展途径与趋势，对自身的发展提供指导方向，这才是图书情报学知识图谱研究和发展的最终意义。

第三章 文献编目与信息资源管理

第一节 文献编目

一、简述发展概况

（一）文献编目学发展概况

远在公元前 1 世纪甚至更早，人类社会就有了文献编目活动，例如中国汉代刘向（公元前 77—前 6）在整理校勘宫廷藏书的过程中编撰《别录》，其子刘歆（约公元前 53—公元 23）又在《别录》的基础上编成了中国第一部综合性分类目录《七略》。随着文献数量的不断增加。文献类型的多样化以及科学技术的发展，文献编目的职能、对象、方法、手段及组织方式等都发生了变化。

古代编目的主要职能是对文献进行整理和记录，编目成果一般为回溯性的分类目录。而现代的编目活动则主要是为了宣传报道和检索利用文献，编目成果为多种类型、多种载体的目录，以满足读者的不同检索要求。编目的对象，最初是单一的文献类型，即手写本和印刷本书籍，后来随着各种文献类型的陆续出现而扩展到报纸、期刊、地图、乐谱、特种技术资料，以及非印刷型的"非书资料"，如缩微胶卷和缩微平片、唱片和录音磁带、电影片和录像带、计算机文件等。长期以来，文献编目的方法和手段停留在手工操作方式，技术落后。目录载体为书本式及卡片式，编目活动由各个机构分散进行，编目规则互不统一，致使编目作业重复，造成人力、物力的浪费，检索速度慢、效率低。

20 世纪以后，全国性或地区性的集中编目和合作编目广泛开展，使编目活动的组织趋于合理，工作效率得以提高，特别是 20 世纪 60 年代以后，随着计算机技术和现代通信技术等新技术在编目工作中的应用，文献编目开始进入一个崭新的变革时期，即自动化和网络化阶段。其标志是出现了机读目录（MARC）、计算机输出缩微胶片目录（COM目录）等新型目录载体，以及文献编目自动化系统和联机编目网络等。这些都有力地促进了编目数据交流和编目成果共享，提高了文献检索的速度和效率。当代文献编目的标准化、自动化和网络化，对于国家范围和国际范围的书目情报交流和文献资源共享起着巨大的促进作用。

（二）文献编目学发展趋势

1. 图书馆文献信息服务的完善

图书馆主要以纸质的文献信息为主，在现代化的今天我们应该使图书馆与计算机技术和网络技术紧密结合，利用计算机技术创建适合图书馆规模的数据库，来记录和分析馆内的图书资源，对馆内资源的准确掌握，对管理和发展图书馆至关重要。

在进行图书馆文献信息服务时，利用网络资源建立网页和索引来对图书馆中的所有图书进行合理分类对读者快速合理的查找所需信息十分必要。有了索引的帮助，读者不必为了寻找一本书而穿梭在整个图书馆中，这种既费时又费力的寻找方式将有效改善。为了方便客户与读者的获取，在图书馆文献信息服务中还可以采用电话、短信、传真和电子邮箱来为客户进行服务。客户可以将所需的文献信息通过以上方式发送到图书馆有关服务部门，服务部门的工作人员将用最快的速度将准确信息回复给客户。

图书馆文献信息服务的发展方向随着信息化技术的不断改变，图书馆文献服务方式也在随之变化。数字化和网络资源的利用使现代的图书馆文献信息服务更加人性化，创立了文献信息服务的新局面。

2. 网络化信息服务

近些年随着网络的迅速发展，网络已成为生活中不可缺少的一部分。图书馆也在应用着网络来完善文献信息服务系统，图书馆功能在网络的应用后得到加强，读者数量也随之快速增长。网络的一大特点就是资源共享性，读者将不再受限于不同单位、地区。在权限的允许下，读者可以获得任何单位与地区的知识资源，这样使得读者获取的信息更加广泛准确。利用网络可以使资源的寻找更加快捷，只要读者掌握必备的一些基本计算机、信息检索、外语等知识，就可以用最快的速度找到自己需要的信息。

图书馆可以利用网络将用户所需的各项服务功能进行整合，使之最大限度地满足用户的各项信息服务要求。在这样网络化的文献信息服务模式下，图书馆得以向读者提供多层次、全方位的信息服务，最大限度的方便用户的查找信息过程。网络环境下搜索引擎提供了多主题自由检索，这种检索方式使信息检索已不再是图书馆专业人员的专利，而是变成了一种大众化工具。

图书馆文献信息服务在现代化高速发展的社会中逐渐完善并继续发展，图书馆已不再是传统的内部开放，而是面向全社会各阶层开放。任何一个公民都有权利在图书馆中寻找自己所需要的信息，图书馆资源也日益趋于共享化。同时，网络化文献信息服务的应用不仅方便了读者的需求，还使图书馆管理系统更加完善化，在今后的发展中图书馆文献信息服务将更加完善。

图书馆文献信息服务是未来图书馆的核心竞争力。随着时代的不断发展与科技的持续进步，文献信息服务不断展示了新的面貌。传统图书馆的文献信息服务已经满足不了现代人的要求，结合互联网的电子化、网络化、数字化的文献信息服务已成为当前图书馆的主流。

二、文献编目的类型

文献编目的类型可以从文献类型、语种、编目手段、组织方式、编目机构及文献出版过程等方面进行区分。①按文献类型可分为：普通图书编目、古籍善本编目、期刊和其他连续出版物编目、地图编目、乐谱编目、档案编目、声像资料编目、计算机文件编目等。②按语种可分为：中文（汉语文和少数民族语文）文献编目、西文（英、法、德等拉丁字母语文）文献编目、俄文及其他西里尔字母语文文献编目、东方语文（日文和其他亚非国家语文）文献编目等。③按编目手段可分为传统的手工编目和应用计算机的自动化编目。④按组织方式可分为：分散式个体编目、集中编目、合作编目。⑤按编目机构可分为：图书馆编目、情报机构编目、档案馆编目、出版发行机构编目等。⑥按文献出版过程可分为：预告编目（出版前编目）、在版编目（出版过程中编目）、出版后编目。

上述各类型编目，既具有共性，又有各自的特点。例如，由出版发行机构进行的出版前编目，对文献的著录一般较简单，个别著录项目不一定准确；而由图书馆和情报机构进行出版后编目，则大都著录详细，且准确可靠。

文献编目流程。文献编目一般包括文献著录和目录组织及文献技术加工等基本程序。但也有一种看法，认为广义的文献编目还应包括文献分类和主题标引在内。例如，在美国图书馆界，就把描述文献形式特征的著录称作描述性编目，而把主题标引称为主题编目。不同编目机构进行的文献编目和不同类型文献的编目，在具体过程及详略程度上有所不同。以图书馆图书编目为例：图书经过采购或缴送、交换等途径到馆并进行财产登记以后，即转到编目部门（或环节）进行编目加工。首先，须根据公务目录进行查重，以确定是否为已经编目的复本书，如果是复本书，则无须再进行编目，只要在公务目录上做注记，在书上添加书标和书号即可；如果是未经编目的图书，则按照所采用的著录规则进行著录，同时按照所采用的图书分类法和主题词表进行分类和主题标引，将著录项目、分类号和主题标目等按照规定的格式记录在卡片上或其他载体上，形成目录款目。卡片目录的各种款目通常采取"单元卡片制"的方式制作。采用著者号码来区别同类图书的，还须按照特定的著者号码表给出著者号码，并将其（或者按其他方法确定的书次号）记录在分类号的下一行以组成索书号。其次，对已编目的图书进行图书技术加工，包括贴书标、书装卡等，以便于图书排架和流通阅览。最后，按照目录组织规则，将各种不同标目的款目组织成各种目录。

书目的编制程序与馆藏目录稍有不同。编制书目（非卡片目录，通常为书本式目录）的首要步骤是确定编制原则和方法，包括：①选题。即选定拟编书目的题目。②根据书目的性质确定文献收录范围。例如，推荐书目应有选择地收录优秀图书，而参考书目则应以全面为准则。但不管编什么样的书目，都不应仅仅根据一馆的藏书编制，还应千方百计地从各种来源搜集本馆未入藏的有关文献的目录数据。③确定著录规则。一般可采用现行规则或对其稍加增删，亦可自行拟订。④决定书目正文的编排方法。以分类编排的书目，还必须决定采用何种分类体系。⑤决定应编什么样的索引。如果书目正文按分类编排，通常至少应编制著者索引，在允许情况下，还应编制主题索引或题名索引；如编主题索引，则还应确定采用何种主题标引方法。在确定了书目的编制原则和方法以后，即开始进行文献（书目数据）收集；进行文献著录、分类和（或）主题标引，制成卡片的款目；对款目进行排序，组织成书目正文；编制索引；编写编辑说明（或凡例）及目次表；最后印刷（油印或铅印）成册。编制书目是无须进行图书查重和技术加工的。

以上均是就传统的编目方式而言，如果应用计算机辅助编目，编目的程序则又有所不同。例如，书目正文的排序、编索引等均可由计算机来完成（见机读目录、文献编目自动化系统、目录排档）。

文献编目工作的组织与管理　文献编目是图书馆及其他文献情报机构开展服务活动的一项基础工作。图书馆一般设立专门的职能部门或安排专职人员从事此项业务。在中国，大、中型图书馆一般都设有编目部（或采编部），部下按文种设置编目组（如中文编目组、外文编目组或西文编目组、俄文编目组及东方语文编目组）。但编目部通常只负责普通图书的编目工作。期刊、报纸、古籍善本书、非书资料等类型文献的编目，则分别由报刊部、善本部等部门负责。小型图书馆一般设立编目组或专职编目员，担任图书编目甚至所有文献的编目工作。

各部门开展文献编目工作，必须事先确定和准备所采用的著录规则（编目条例）、分类法、主题词表、著者号码表、分类规则、主题标引规则以及目录组织规则等。在著录规则、分类法和主题词表方面，中国图书馆界目前普遍采用的是国家标准《文献著录总则》及各分则，《中国图书馆图书分类法》或《中国科学院图书馆图书分类法》，以及《汉语主题词表》。此外，还应配备有若干常用的普通和专业参考工具书。

编目人员通常包括专业人员和辅助人员。专业人员主要从事著录、分类和主题标引工作，他们一般应受过高等教育或具有同等文化水平，掌握一定的图书馆学、目录学知识及其他专业知识。担任外文文献编目工作的人员，还必须具有相当的外语水平。辅助人员则负责技术加工和在专业人员指导下从事目录组织工作，他们一般应具有高中文化水平。编目人员的数量应视图书馆规模和购书量而定。在开展集中编目、在版编目以及建立起文献编目自动化网络的国家，大多数图书馆可以利用中心机构的编目成果，从而达到减少重复性劳动，节省人力。

文献编目工作应注意合理的分工和进行科学的管理。要制定切实可行的工作程序、定额指标及奖励制度，为确保编目质量，还应建立严格的校对、检查制度。

研究　文献编目研究是图书馆学的分支学科之一。文献编目研究按研究内容或角度可分为两个方面：一是对一般性编目和目录的研究，称为目录学；二是对图书馆编目及目录的研究，可称为图书馆编目学或图书馆目录学。前者较侧重于理论问题的研究，后者是多侧重于技术与方法的研究。文献编目研究可以推动和促进文献编目事业的标准化、自动化、科学化的进程。

三、著录的重要性与原则

（一）著录参考文献的重要性

撰写科技论文，一定要重点注意参阅有关方面的文献，以使你的研究和撰稿站在更高的起点上，同时，要注意在文后著录参考文献。这一点十分重要，归纳起来，参考文献著录的作用主要体现在以下几个方面。

第一，反映论文科技信息的广泛性和深度科学技术研究工作都有继承性，现在的研究都是在过去的研究基础上进行的，现代人的研究成果或研究工作一般都是前人研究成果或研究工作的继续和发展。因此，在论文中涉及研究的背景、理由、目的等的阐述，通过著录参考文献就能明白交代出该论文的起点和深度。这在一定程度上为论文审阅者、编者和读者评估论文的价值与水平提供了客观依据。

第二，便于与前人成果或观点加以区分。论文所报道的研究成果虽然是论文作者自己的，但在阐述和论证过程中免不了要引用前人的研究成果，包括观点、方法、数据等，若对引用部分加以标注，则他人的成果将表示得十分清楚。这不仅表明了论文作者对他人劳动的尊重，更是对个人成果的认可和保护。

第三，便于快速检索、调查读者通过著录的参考文献，采用追溯法即可方便地查阅到与此研究方向相关的一系列文献资料，在短时内就可实现对该信息的检索、调查，从而形成参考文献网络化。

第四，能够节省文章篇幅。论文中需要表达的某些内容，凡已有文献所载者不必详述，只需标注参考文献顺序编码，并相应的参考文献著录于文后即可。这样不仅精炼了语言，节省了篇幅，而且增加了论文的信息量，具有很高的信息价值。

第五，有助于科技情报人员进行情报研究和文献计量学研究论文详尽、科学、合理地著录参考文献，有助于科技信息人员收集有价值的信息资源，进行文献计量学研究。

（二）引用参考文献应掌握的原则

科技论文引用和著录参考文献时，应坚持公开性、必要性、真实性和规范化的原则，在撰稿中要正确掌握和遵守这些原则，使著录的文献既充分、合理，又贴切、妥当，做到恰如其分。

1. 公开性原则

一般应选用公开发表的文献，公开发表是指在国内外公开发行的报刊或正式出版的图书上发表。在供内部交流的刊物上发表的文章和内部使用的资料，尤其是不宜公开的资料，均不能作为参考文献引用。

2. 必要性或合理性原则

应选择对自己研究最有影响的文献，即主要的文献或最必要的文献。无特殊需要，不必罗列众所周知的教科书或者某些陈旧史料，应避免事无巨细的有文必录。

3. 新颖性与真实性原则

在选择参考文献时，应以能反映新观点、新经验、新方法、新技术的文献为主，取新舍旧，确保作品的新颖性。引用观点必须准确无误，不能断章取义，只有资料翔实，才能保证作品的质量与学术水平。

4. 规范化原则

论文作者和期刊编者都应熟练掌握，严格执行。参考文献按标准著录，便于大型数据库的建立以及对文献数据进行交换、处理、检索、评价和利用，从而利于文献管理和学术交流。

四、文献信息编目理论与实际的发展

（一）扩展编目对象，适应形势发展

传统的编目对象是以印刷本为主的纸质文献，文献类型比较单一。主要是图书、报纸、期刊等。随着文献种类不断增多。文献类型扩展到科技报告、学位论文、会议文献、标准文献、专利文献、产品样本、政府出版物、小册子、地图、乐谱等。20世纪后半期以来，出现了多种非纸质的新型文献，包括音像文献、缩微文献、机读文献等。随着图书馆编目工作范围的进一步扩大，这种非印刷型的"非书资料"也加入编目对象的行列之中。缩微胶卷、缩微平片、唱片、录音带、磁带、计算机文档、网络文献等成为编目对象中的新面孔。它们的出现使文献的范围进一步扩大，文献的生产和传递更加迅

速，知识、信息的存储和利用更加便捷。同时也对编目人员提出了新的要求，这就要求我们的编目人员必须不断学习和掌握新的"非书资料"编目方法和手段，及时地跟上形势的发展。

（二）利用新技术，优化编目手段

传统的编目基本上由手工操作，文献经过分类后，以图书等实物为对象，采用手刻钢板或打字机打印等方式，将文献各著录项目著录在目录卡片等载体上。但随着高新技术的快速发展。计算机技术被广泛应用于图书馆业务中，成为编目工作中一种重要的辅助手段。从而大大减轻了劳动强度。提高了工作效率。输出结果也比较美观，使文献编目逐渐向现代化和网络化方向发展。现代的文献编目则是利用计算机实现自动化编目。出现了文献编目自动化系统和联机编目网络。文献编目自动化系统是应用电子计算机处理图书馆文献编目业务的数据处理系统，是图书馆自动化系统的核心子系统，它可以自动编目并建立主书目数据库，利用一些书目发行中心发行的机读目录或联机编目中心等机构的编目成果，对所需编目文献通过联机终端在其书目记录中补充本单位馆藏信息。如登录号、馆藏方位等，使之成为一条完整的书目。从而成为图书馆自己的书目数据。另外。即使在没有共享数据可以利用时我们可以通过人机对话等方式引导编目员向书目数据库输入数据。以完成书目数据库的建立，编目员也可以向联机编目中心上送自编数据。利用这些手段可以让计算机编目能够充分揭示文献。使著录内容更加详细全面，减少了重复劳动，提高了标准化程度，促进了资源共享。

（三）协调编目组织，注重资源共享

传统的文献编目属于分散式个体编目，由图书馆等各个机构分散进行。属于"自我封闭。各自为政"的小作坊模式。各个单位编目时也主要是依照本馆文献进行著录并进行目录组织等工作。各编目单位之间相对独立、互无联系、编目成果也仅能供本单位读者使用，造成大量重复劳动和文献资源浪费。而且由于各馆编目人员素质不同，对编目条例理解不同及各馆编目工作具体要求不同，造成编目质量参差不齐，难以满足标准化和规范化的要求。在目录组织上也主要以书名、著者、分类等目录为主。检索点单一，检索途径少。主题标引在许多图书馆还是通过手工查找方式进行的。效率低，速度慢，虽然也有一些图书馆在读者机检工作方面开展得很有声色。但总的来说，馆际间文献的合作与交流开展得还比较少。

针对以上传统编目的缺点，现代文献编目采取了在分散基础上开展集中编目和合作编目。"集中编目"是由一个中心编目机构负责编目，众多文献情报机构共享其成果的活动。它有助于文献编目的标准化规范化，可避免重复劳动，提高目录质量，统一著录格式，有利于文献资源共享。"合作编目"是由若干图书馆分担编目工作，共享编目成果的活动，又称分担编目。通常由一个中心图书馆负责组织和协调，其他图书馆或地区按行业分工独立进行运作。电子计算机被应用于文献编目工作后，出现了现代化的合作编目形式——联机合作编目，它不仅推动了编目工作的标准化和规范化，而且大大提高了工作质量和效率，通过联机编目形式共建联机数据库，达到书目信息交流和资源共享之目的。读者可以利用终端，通过多种途径便捷、快速、准确地检索文献。

随着以计算机技术为代表的信息社会的飞速发展，文献图书编目技术也在发生日新月异的变化。我们应利用信息社会的优势，解决文献编目中的一些突出问题，推动其实现现代化。

第二节 信息资源管理

一、基本理论概述

（一）信息资源整合概述

信息资源是指可供利用并产生效益与社会生产和生活有关的各种文字、数字、音像、图表、语言等一切信息的总称。按表述方式分，信息资源可分为非文献信息资源和文献信息资源。文献信息资源是信息资源的主体，按文献的记录方式和载体可以将文献信息资源分为印刷型、缩微型、声像型、机读型文献信息资源。图书馆的文献信息资源主要包括：①现实馆藏资源；②图书馆自建的各种数据库，如特色资源数据库、专题数据库等；③图书馆购买的电子文献；④网络资源。

关于信息资源整合的含义，目前学术界还没有统一的说法。马文峰认为，信息资源整合是指信息资源优化组合的一种存在状态，是根据系统论的原则，依据一定的需要，对各个相对独立系统中的数据对象、功能结构及其互动关系进行融合、类聚和重组，重新结成为一个新的有机整体，形成一个效能更好、效率更高的新的信息资源体系，从而为科学研究、决策提供信息保障。这个定义比较全面、完整、准确地揭示了信息资源整合的丰富内涵。公共图书馆收藏了大量纸质文献、电子文献和网络文献，对这些不同载体的文献进行整合，可提高文献资源的利用率，更好地满足读者的需求。

（二）图书馆信息资源整合的意义

1. 信息资源整合有利于读者对信息资源的利用

公共图书馆读者来源广泛，不同职业、不同学历、不同年龄的读者构成了公共图书馆庞大的读者群。他们的知识背景和个人喜好不同，对信息资源的需求也就必然存在差异。图书馆以读者为中心，分析各类读者的需求特点，进行信息资源整合，为读者提供方便、快捷的检索途径，有利于读者获取所需的信息。通过广泛的信息收集，深入的整合分析，以各种形式向读者提供增值性的有效信息，可满足各类读者多元化、个性化的信息需求。

2. 信息资源整合有助于构建图书馆服务竞争力

在网络环境下，人们获取信息资源的渠道更广，途径更多，获取的过程、方式也更加简便快捷，这对以为读者提供信息服务为己任的图书馆带来了严峻的挑战。图书馆要构建服务竞争力，首要的任务就是建立有序化的资源保障体系。信息资源的激增，无序信息资源的增加，不仅不利于使用者对信息资源的利用，而且加剧了资源增长与资源利用的矛盾。信息资源尤其是数字信息资源要依赖于软件系统并借助于网络进行传播，只有建立统一的检索平台，才能使读者方便、快捷地获取信息。现阶段图书馆的信息资源建设由于缺乏知识体系的完整性，无法体现学科知识的内在联系。图书馆利用现代技术实现各个资源体系的链接，可提高图书馆的信息资源关联度，从而可吸引更多的读者利用图书馆的信息资源，以优质的信息资源赢得服务竞争优势。

（三）大数据的内涵

大数据（Bigdata），或称巨量资料，指的是所涉及的资料量规模巨大到无法通过目前主流软件工具，在合理时间内达到撷取、管理、处理、并整理成为帮助企业经营决策更积极目的的资讯。大数据的4V特点既是：Volume（大量）、Velocity（高速）、Variety（多样）、veracity（真实性）。

最早提出"大数据"时代到来的是全球知名咨询公司麦肯锡。数据，已经渗透到当今每一个行业和职能领域，成为重要的生产因素。人们对于海量数据的挖掘和运用，预示着新一波生产率增长和消费者盈余浪潮的到来。大数据时代的来临使人类第一次有机会和条件，在非常多的领域和非常深入的层次获得和使用全面数据、完整数据和系统数据，深入探索现实世界的规律，获取过去不可能获取的知识，得到过去无法企及的商机。大数据之所以可能成为一个"时代"，在很大程度上是因为这是一个可以由社会各界广泛参与，八面出击，处处结果的社会运动。

（四）大数据时代高校图书馆面临的挑战

大数据时代的到来，使得普通的机构、企业和政府部门也可以像原本的少数象牙塔之中的学术精英圈子那样通过数据分析获得知识、商机和社会服务能力。大数据将逐渐成为现代化社会基础设施的一部分。现代社会的经济学、政治学和许多学科门类都在大数据时代的影响下发生着巨大甚至是本质上的变化与发展，进而整个人类的价值体系、知识体系和生活方式也在随之变化。所以，大数据时代的到来同样对图书馆带来了冲击与挑战。

1. 数字图书馆建设

在大数据时代，高校图书馆要得以长足发展，数字图书馆的建设是保持图书馆可持续发展的重要举措。数字图书馆的核心是进行信息资源的建设，需要充分挖掘和利用大数据技术，不断丰富信息资源内容，完善信息资源结构。在资源建设中，更需重视特色信息资源的建设，重视资源的共建共享，建成大数据资源。

特色数据库的建设则是特色信息资源建设的体现，在大数据时代，用户对信息检索结果无论是在数据量上还是结果展现形式上都有着更高的要求，而图书馆应该利用自身的馆藏特色以及学科优势，建设学科专业特色适应用户需求的特色数据库，为高校的教学和科研提供高层次的信息服务，满足用户的个性化、专业化需求。建设特色数据库，实现信息资源的优势互补，从而有利于珍稀文献信息资源的保存和利用，有利于实现馆际之间信息资源的共建共享。

2. 图书馆地位的动摇

随着大数据时代的来临，各种信息服务机构伴随信息市场的发展而崛起，图书馆作为用户信息获取必需途径的地位日渐降低，随着信息网络的发展将海量信息通过各种技术手段向用户推送，为用户提供了一个更加便捷的信息交流平台，可以根据自身需求进行信息的检索。因此，高校图书馆应发挥自身优势，充分利用图书馆的特色信息资源，为用户提供个性化的定制服务，甚至可以进行服务推广，为社会用户提供信息服务，这都是高校图书馆未来将要拓展的服务范围。

3.大数据时代用户需要图书馆提供更好的信息服务

图书馆信息化程度的提高，使得信息服务成为当前图书馆服务的主要内容之一。在大数据时代，用户需求更加多样化、复杂化，期待获得更好的服务，这就需要图书馆工作人员了解用户需求，分析用户特点，并能系统地了解大数据及其特征，建立高效可控的数据处理流程，掌握多种数据分析方法为用户服务，满足不同用户的需求。与比同时，图书馆工作人员需要不断提高知识储备，具备全面的综合素质，能够通过结构化数据了解现在客户需要什么服务，也能够利用大量的非结构化数据、半结构化数据从图书馆用户的服务关系中去挖掘正在发生什么，预测和分析将来会发生什么，以便以更好的服务模式应对未知的危机及挑战。

五、高校图书馆信息资源整合

图书馆信息资源整合是依据读者现实需要，对每个相对独立的要素对象、结构、功能和关系进行科学合理的重组、融合、分配，重新结合为一个有机整体，形成更好、更科学、更合理、更高效的信息资源体系，最大限度地发挥效能。

（一）做好图书馆信息资源的长远规划

信息资源相对于文献资源而言是一种新生事物，有广阔发展前景，图书馆的信息资源建设要有长远规划，一定要处理好以下几个关系：在同步发展原则的基础上，处理好信息资源与文献资源、电子图书与电子报刊、电子期刊与电子报纸的关系。在优先发展原则的基础上，优先发展具有广大发展前景的信息资源，并着重发展中文资源。

（二）合理采购信息资源

目前我国各高校图书馆中，购买或租用数据库是图书馆信息资源建设的主要方式。在采购原则的基础上，保证采购信息资源对目前图书馆藏有补充作用，进而实现高校图书馆馆藏的完整性和实用性原则，首先明确即将采集的电子信息资源对当前馆藏建设应有一定的必要性、实用性和完整性。在保证优先满足教学、科研需要的基础上，为广大师生服务。同时，采集信息资源时考虑读者的现实需要，拓宽学生知识面。

（三）加强信息资源宣传和培训

1. 加强宣传

信息资源在我国高校图书馆属于起步阶段，对众多读者来说感觉到很陌生，对方式方法不是很了解。因此，高校图书馆信息资源应当加大宣传力度，通过网络宣传、橱窗展示、举办讲座、读者活动促进高校图书馆馆藏资源开发。

2. 读者培训

信息资源作为一种新的信息资源品种，其操作界面多样化、涉及内容广泛、技术教育性强。需要读者具备一定知识检索操作技能才能使用这些信息资源，否则再丰富的资源也会被束之高阁而毫无用武之地。因此，做好读者培训工作至关重要。培训可以采用以下形式：举办系列专题讲座，利用文献检索课，提供在线服务。

（四）加强信息资源优化和整合

随着电子资源不断增多，多个数据库进行跨平台检索的需求日益增加。不同电子资源系统采用不同的检索平台和数据标准，同时数据库之间在内容上存在一定的重复和交叉，这些因素将导致用户检索难度增加，需要熟悉不同检索系统和检索界面，检索完成后还需对来自不同数据库的检索结果进行筛选处理。高校针对这种情况可以进行跨平台检索实践建设资源分布式、知识网络化、统一用户平台、统一用户认证、多途径多层次的访问系统，全面实现电子资源优化整合。

随着我国高校图书馆建设深入发展，如何整合现有信息资源的问题日益突出，如何在理论指导和经验驱使下，使信息资源整合成果纳入数字图书馆，以便为更多用户服务，创造出更大价值，是高校图书馆工作人员长期不懈努力的目标，也是当前高校图书馆信息资源整合迫切需要解决的问题。

二、信息资源管理方针、政策与法律法规

（一）信息资源管理方针

信息是一种国家战略资源，充分开发利用信息资源对一国核心竞争力的提升、政治文明的建设、国家安全的巩固、国民经济和社会的可持续发展举足轻重。其前提包括：①信息本身必须与物质的状态或运动一致；②信息资源开发必须符合更宏观的目标；③信息为用户所需要，被用户完整地理解与正确地接受。在信息化浪潮席卷全球的过程中，不断深化对国情的理解，积极主动地驱动信息聚集、凝结成资源是世界各国不懈的努力。

由于信息资源开发本身是一个受自然禀赋、发展水平、社会经济规模等多重因素制约的动态平衡的复杂过程，世界各国在制定、实施本国的信息化发展规划方面各有建树，形成了当前不均衡的发展格局。作为世界信息共同体的一员，尽管中国在信息化建设领域取得了巨大成就，但要加速信息资源的开发利用仍面临许多障碍。事实上，信息资源的开发利用不仅是一种信息活动，更是一个通过鼓励创新，促进资源的有效利用及提高生产率来辅助国家实现经济社会发展目标的错综复杂的过程。因此，障碍在很大程度上是贯穿中国经济社会发展的总体性问题，并与中国正在进行的政治经济改革密切联系，障碍的破解必须在深刻反映国家利益与政治意图的前提下，紧紧把握信息经济前沿动向，高屋建瓴，制定和实施国家信息资源管理政策，将知识与信息应用到信息生产、处理、沟通、传播等领域，开创信息资源管理工作新局面，发挥后发优势。

（二）信息资源管理的法律规范

1. 信息法

是调整信息活动中产生的各种社会关系的法律规范的总称。

2. 信息活动

包括各种法律主体从事的与信息的生产、采集、获取、加工处理、传播、利用、保存等事务相关的一切活动。

3. 信息法的特点

信息法是国家强制力保证实施的行为规范，具有普遍约束力、明确性、稳定性和执行的强制性。信息法是国家权力机关通过立法程序制定的，它具有严肃性和约束力，更能够有效地调整信息活动中的权力义务关系。法律的规定性；具体、明确、可操作性强；稳定性。

4. 信息法的作用

规定信息法律关系主体的各项权利和义务，协调社会、集团和个人之间的利益平衡，为国家的信息化发展提供法律上的依据和支持。创设新的专门的法律规范，废止、修改传统法规中不适应数字化、网络化生存环境，不利于信息化发展的内容，为国家的信息化发展排除障碍。信息法规与信息政策相互配合与协调，新的信息法律与已有的传统法律之间的平衡与协调，建立有利于国家信息化发展的社会秩序。

5. 信息法调整的对象和范围

法律不是万能的、无所不包的，它只是调整人们的社会关系的手段之一，任何时候都无力去规范一切信息活动。信息活动中涉及的信息也并非一切信息，只能是特定意义和范围的信息，甚至不能包括一切社会信息，更不用说自然信息了。尽管如此，信息法调整的范围仍然是十分广泛的，这点在信息法的法律渊源的广泛性以及信息法律规范广泛分布于各种各样的法律、法规之中，体现得尤为明显。还可以从法律事实的角度对信息活动的范围加以界定，即法律事实。

（三）信息资源管理政策法规概述

随着信息技术特别是网络技术的发展，人们越来越深刻的意识到资源共享所带来的好处，信息资源共享得到了各个层面的共识，但是从目前来说，信息资源共享和交换仍然面临着一系列的问题。其中之一就是信息资源共享所引起的政策法规问题。

信息资源管理政策法规是信息资源管理的一个重要组成部分。如今，信息化已成为社会经济、文化和生活领域的重要内容，它对经济的发展产生了重大影响。信息化的发展在给人们带来新资源和新推动力的同时，也使得人们在信息交流活动中的经济关系和社会关系日益复杂，这些关系常因人为的不正当作用而产生的不良影响，如信息网络和资源安全问题，信息技术的不正当使用、信息侵权和计算机和网络犯罪等，这些问题的解决除借助于教育，道德约束等方法外，有时还需要利用政策和法律的手段进行干预。而如何有效地处理好信息领域的各种经济社会关系，则是信息政策和法规所要解决的核心问题。

1. 基本概念

信息政策法规是用来调整信息在生产、搜集、处理、累积、储存、检索、传播和消费活动中发生的各种经济关系和社会关系的规则的总和，它以信息领域的各种经济关系和社会关系为调整对象。

信息政策法规包括信息政策、信息法以及调整信息领域经济关系和社会关系的行政法规、地方性法规、自治条例、单行条例、部门规章和地方政府规章等。

信息政策是国家用于调控信息产业发展和信息活动的行为规范和准则，它涉及信息产品的生产、分配、交换和消费等环节，以及信息行业的发展规划、组织与管理等综合性的问题。信息法规是由国家立法机关批准制定，并由国家执法机关的强制力保证实施的，调节信息领域经济关系和社会关系的法律规范的总称。

2. 政策与法规的区别

尽管信息政策和信息法规调整的都是信息领域的各种经济和社会关系，但它们却有着不同的调节内容和方向，侧重点并不相同。其区别主要表现在以下几个方面：①信息政策运用行政手段，制定一定的政策，对信息领域的各种活动起到宏观导向作用；而信息法规则采用法律手段，运用法律手段对具体的行为起制约作用。②作为信息活动的指导原则，信息政策会随着社会的发展和现实情况灵活变化；而信息法规在制定后相对稳定，有较长的时效性。③在制定过程上，信息政策比较简单，并且很多机构都可以根据所在的辖区制定相应的信息政策，在执行时，由于宏观性的特点，解释空间很大，可操作性和强制执行性很差；而信息法规则依据严格的程序，由专门的立法机构制定，由于其调整的是具体的经济社会关系，因此可操作性很好，具有强制执行特性。④在调整范围上，信息政策从信息领域的整体出发，具有很大的调整范围；而信息法并不能对信息领域的所有经济关系和社会关系进行调整，它所调整的对象是在信息活动中对国家、社会造成较大影响的各种事件，即只有构成法律行为的关系才是信息法调整的对象。从以上信息政策和法规的区别可以看出，这两种调节手段在一定程度上起到了互相弥补，相辅相成的作用，二者缺一不可。信息政策对整个信息领域起宏观调控作用，对信息法规的制定和执行具有指导作用；而信息法规则是对信息政策的具体实现，对各种经济社会关系进行实际性的调节。

三、理论信息学与知识管理学

（一）理论信息学

1. 信息与信息现象本体论

信息现象及其构成：信息现象是指信息本身以及与信息有关的一切现象。其构成可从两个维度去划分：一是从信息现象存在（发生）的领域上分为人类信息现象和非人类（其界域为生命界至少为动物界）信息现象两大部分；二是无论人类还是非人类信息现象均可再分为"信息本体现象""信息行为现象""信息效应与信息文化现象"三大层面（信息现象的构成可简称为："两大部分三大层面"）。"三大层面"在"两大部分"中的表现内容及状况不尽相同，人类信息现象显然比非人类信息现象更复杂理论信息学主要研究人类信息现象，同时也会适度涉及（关照）非人类信息现象。

"两大部分"即人类社会和动物界的信息现象并不是指信息内容（所指）为人类社会和动物界的信息现象，而是指发生在人类社会和动物界的信息现象，其信息所指是其所能指的一切事物对象。且二者之间有相当程度的共同性和重合性，至少有共同的规律性。

"三大层面"（可简称为"第一、第二、第三层面"）之间关系密切但性质、表现形态、理论价值不同。从现象角度看：第二、第三层面是信息现象的主导层面或曰可见层面——即从表现、显现、展现或观察、认识的角度讲，信息现象实际上只有这两个层面；第一层面是不可见层面或曰抽象层面，它实质上是对二、三层面抽象认识的结果。但从理论价值角度讲，第一层面则是主导层面，价值更高。它既是对二、三层面进行理论抽象的结果，同时又是对二、三层面进行认识和把握的理论基础与指导。

"存在"的形态与信息的定义域："存在"是最基本的哲学本体论范畴（概念），按黑格尔的说法，其含义即"有"（与"无"对应、对立、相反），是指"存在着的"，是宇宙间一切事物、现象和过程的指谓。哲学界公认的基本信条是：存在分"客观实在（物质世界·质量和能量）"和"主观存在（精神世界·内容与形式）"两大领域，按康德的说法即"自在（物质·客观）"与"自为（精神·主观）"。

中国学者根据列宁"一切物质都具有反映、显现特性"的观点，提出了"直接存在（实在·物质）""间接存在（不实在·信息）"的学说，并进一

/83/

步将后者分为"客观"和"主观"两种，即"客观不实在＝客观间接存在＝客观信息"和"主观不实在＝主观间接存在＝主观信息"。他用"水中的月亮"这一现象实例论证了"间接存在"的普遍性，给出了"信息是标志间接存在的哲学范畴，是物质（直接存在）存在方式和状态的自身显示"的信息定义。

用"物质·精神""客观·主观""自在·自为""直接·间接"等概念范畴均难以真正涵盖或分割"存在"，而主张用"实在""虚在"和"虚实在及实虚在"三个概念范畴，第三个概念范畴才是信息的定义域。"实在"基本上就是传统哲学所讲的客观实在或客观世界，即由有物质实体的和虽没有物质实体但却可见、可测定的事物及现象（如力、光、电、射线、空气，温度、湿度、空间、时间等）构成的物理世界；"虚在"是指传统哲学所讲的主观存在（精神世界）和被传统哲学所忽视的非主观的诸如关系、作用，机制、机理、规律等既无物质实体又不可见也不可测定，但却可被生命体尤其是人类感知并表述出来的存在（故"虚在"又可分为"主观虚在"和"客观虚在"或叫"内虚在"和"外虚在"两部分）；"虚实在及实虚在"则是介于二者之间的一种"存在"——且是仅在有生命体参与的关系中发生的并非只对生命体有意义、起作用的一种存在现象，其含义是生命体中的"实在的虚在（虚实在）形态"和"虚在的实在（实虚在）形态"。前者（虚实在）是指"实在"在生命体中的虚化（虚在）形态，即传统哲学所讲的主观世界（主观虚在即内虚在）对客观世界（实在）的认识结果，也就是在主观世界中的映射、反映结果等，它是主观虚在（内虚在）的构成部分或曰内容之一。同时应该指出：主观虚在即内虚在并不全都是虚实在，还有并不反映或并不完全反映实在的内容，如思维、智慧、悟性、情感、意志，气质、性格、人品、人格，心态、心境等等；后者（实虚在）是指"虚在（客观虚在和主观虚在即外虚在和内虚在包括其虚实在）"在生命体中的确定形态，即生命体对"虚在（包括其虚实在）"感知、摄取、确认后形成的确定的、实实在在的形态尤其是内容，而且其可被生命体外化为物态的实在（痕迹、符号、文字、雕塑等）。

因此，实在可分为第一实在（元实在）和第二实在两部分。由实虚在外化成的实在（痕迹、符号、文字、雕塑等）为第二实在，即专门或主要为物化实虚在而被生命体制造出的实在或曰信息物。其余的实在为第一实在。

信息的本质与定义：根据以上观点，信息肯定是一种存在，但它不是纯粹的实在或虚在，而是介于实在与虚在之间的且与生命相生相伴、同存共在的"虚实在及实虚在"：其内容所指是实在与虚在，其自身却是虚在及其实在（虚实在及实虚在）。哲学本体论的信息定义可表述为：信息是存在于有生命参与的关系中且只对生命有意义、起作用的虚实在及实虚在。简单地说，信息是生命体中的虚实在及实虚在。至于在无生命的世界中是否有相同或类似的虚实在和实虚在现象（例如"水中的月亮"等），可另外讨论。但至少，那不是信息或说与信息无关（因为水决不会感知月亮虚在其中并将其确认为实虚在，水中的月亮对水也没有任何意义和作用。那实质上还是一种实在（物质）现象，即水和月这两种物质在光这种物质的作用下发生的投影现象，决不能说水中的月亮是天上的那个实在的月亮的信息，或说月向水发出了信息，水接收了月发出的信息。水和月之间没有信息关系，只有物质、能量和力的作用（实在）关系，如月对水的潮汐作用关系。即便有一天月亮掉落在水中也是如此。但这些实在的物质现象对生命却可成为信息，可虚实在于生命体中并可被生命体确认为实虚在，而且还会对生命体起作用。所以猴子会到水里去捞月并且而人就不会，而且会说"水中捞月一场空"，会唱"天上的月亮在水里，水里的月亮在天上""月亮代表我的心"等。无生命体参与、介入的虚实在现象尽管可能存在（实虚在现象绝不可能存在），但决无信息意义——非生命世界无信息。信息是生命的专利，甚至可以说，信息是一种生命现象。

信息的本体论定义还可做进一步的阐释：信息＝存在即实在与虚在于生命体中的虚实在及实虚在形态；实在是先成为虚实在后成为实虚在；虚在（内虚在与外虚在）则可直接成为实虚在。虚实在若不确定则是"潜信息"或"前信息"若确定则是"显信息"或"现信息"即实虚在。虚在（内虚在与外虚在）在未被生命体确认（确定）时也是"潜信息"或"前信息"，但确定后则是"显信息"或"现信息"即实虚在。而实虚在则肯定是"显信息"或"现信息"，即可以真正被使用并发挥效用、实现价值的严格意义上的"信息"。所以，严格而简单地说，信息即生命中的实虚在。信息的本体论定义还可（也应该、有必要）通俗地表述为：信息是一种有生命体参与其中的关系内容，即在关系中可被生命体感知、摄取、接受并可被确认的，只对生命

/85/

体有意义、起作用，可被生命体享用、使用的一切非物质、非实在的内容。简单地说，信息是只对生命体有意义的非物质、非实在的关系内容。但这种关系内容可外化为实在（痕迹、文字、雕塑等）。

2. 信息的内容、形式及载体

信息的内容即信息所指（见"信息所指"）。信息的形式即信息内容的存在与显现方式及样式，是信息形态的下一逻辑层面——即信息形态的具体化，且主要是物态信息的具体显现方式及样式，如肢体动作、声音、痕迹、文字、图形、图画、图像、雕塑等等，是信息外化处理行为的产物。其价值是使信息明确显现于时空（物理世界）中并将其传递（传播、交流、留传）、固存、加工、使用。本态信息没有严格意义上的形式。上述形式虽可虚在于生命体中（尤其是显态即真信息态中），但无法实现形式的价值。

信息的载体是指盛载有信息的物质实体，有广义狭义之分。广义信息载体是指所有盛载有、蕴涵有信息或说生命可从中获取信息的事物，即所有的第一和第二"实在"（包括生命体自身和生命的创造物如鸟巢、建筑物等等）；狭义信息载体是指专门或主要用于盛载、固化信息的物质实体，其肯定是生命的创造物即第二实在。理论信息学意义上的信息载体主要是指狭义。狭义信息载体又可分为"全载体""半载体""直观（直接）载体""非直观（间接）载体"层面。全载体是严格意义上的信息载体，即只用于盛载信息而无其他目的的物体（如纸张、笔墨及其文字等）。半载体是指兼具盛载信息和其他实用目的的物体（如建筑物、服装等）；直观（直接）载体是指信息形式直接固化于物体上，生命体可直接、直观地从中获取信息内容的载体（如载有文字、图画的纸张、墨迹等）；非直观（间接）载体是指信息形式未直接固化于物体上，而是隐存在其机制中，生命体不能直接、直观地获取信息内容，并且只能通过行为启动其机制才能间接获取信息的物体（及其技术机制），如电脑及其磁盘、光盘，录音机、录像机及其磁带、磁盘、光盘等。前者基本上是恒定态信息的载体；后者基本上是非恒定态信息载体。

3. 信息行为论

（1）信息行为构成

对信息行为构成的认识可有行为主体和行为内容两个维度。

①从行为主体的维度看，信息行为由个体信息行为、群体信息行为和

社会信息行为三个层面构成。这三个层面的信息行为内容有相同之处和不同之处，个体信息行为是基础层与核心层。后两者只是个体信息行为在群体和社会中的外化形态，并最终要通过个体信息行为方能实现其价值与意义。

②从行为内容的维度看，信息行为由信息获取、信息处理、信息使用三部分构成，这三部分内容同时构成了信息行为的基本模式与过程。但在个体、群体和社会三个层面，这一基本模式的三部分内容的具体表现并不相同。

（2）信息行为模式

信息行为模式是信息行为的"线路"与"程序"，有基本模式（总体模式）和具体模式（分体模式）之分，后者是前者在现实中的具体体现且不可能突破前者的范围限度。信息行为模式的展开就是具体的信息行为内容。

①基本模式（总体模式）：即信息的获取——处理——使用。无论人类还是非人类的生命，也无论个体、群体还是全社会，其信息行为都是在这一基本模式中进行并将这一基本模式展开成具体的模式和行为内容。

②具体模式（分体模式）：有个体、群体、社会三个层面（三种）。在人类和非人类生命中，这三个层面的模式差异程度不同：个体层差异最小，甚至可以说没有差异；群体层差异比个体层要大些，主要表现在外化处理的方式方法和手段上；社会层差异最大，主要表现在外化处理的技术上和信息文化的传承机制上。

个体信息行为模式：基本模式的三部分行为内容在其体内融为一体进行，只能从其使用中的实用性使用行为中观测到其信息行为结果。具体可分解为：信息所指对象发生和信息需要产生或信息能力存在并被启动——感知、摄取信息——内化处理（"消化"）：理解、鉴别、确认、记忆——使用：享用或实用即行动，基本没有外化处理行为。个体信息行为模式是群体与社会信息行为模式的核心与基础。

群体信息行为模式：由在个体信息行为模式之间多出一个以信息的传递、传播为核心的外化处理环节构成。即个体信息行为（模式）——信息的外化处理：以传递、传播信息为核心（将信息形式化、物理化、物质化后并传递、传播给其他个体）——个体信息行为（模式）。具体说来，就是在个体信息行为模式的"使用"环节中多出一个外化处理行为环节，也就是个体在自己享用或实用（行动）了信息的同时，又对所用信息进行了外化处理并将其传递、传播给了与自己有实际空间关系的其他个体。

社会信息行为模式：即生命种群的整体信息行为模式。它是一个集大跨度（宏观）时间、空间为一体的时空模式。也可以看作是信息文化的"框架"与结构。在人类和非人类社会有较大的不同。非人类的社会信息行为模式从空间上看，就是群体信息行为模式的复数形式，即若干或其生命种群所有群体信息行为模式的简单相加（算术和）；从时间（历史传承）上看，就是其空间模式的生物性遗传与重复（再现）。从时空统一的整体上看，就是一个在时间（历史传承）上不断重复再现的几乎永恒不变的空间模式，即群体信息行为模式的复数形式或算术和。人类的社会信息行为模式则不同，它可以被划分为两个明显不同的历史阶段：语言文字出现以前与非人类基本相同；语言尤其是文字出现后则在信息的外化处理环节上发展形成出一个相对独立的具有实在性质的物化信息处理系统，即专门进行信息的外在存储、交换（含传递、传播）、加工、再生的技术性系统实体。人类的信息活动行为除直接在个体与群体信息行为模式中进行外，均可通过这一技术性信息处理系统实体实现信息的共同确认、再生与共享；人类社会信息文化的形成与传承也主要通过这一信息处理的技术系统实体来实现。当今人类的社会信息行为模式很难用线性的语言准确表达、描述，大致可表述为：复数的个体信息行为（模式）——外在信息技术系统的外化处理——复数的群体信息行为（模式）。

（3）信息获取

即生命体将信息所指对象或恒定态信息内化为信息的行为现象。从信息的角度看，即信息的形成（产生）或物态信息的传递、传播的实现。信息获取由以下四个要素（必要条件）构成：①信息所指对象存在或发生或有物态信息被发出或存在；②生命体具有相应信息能力；③生命体自身产生相应信息需求（处于相应信息饥渴状态）；④生命体与信息所指对象或物态信息之间具备可直接或间接接触的时空条件，即可发生关系。

这四个要素（必要条件）缺一不可。信息获取具体说来，就是生命体通过启动其信息能力的具体机能（如看、听、嗅、触摸、阅读、理解、思考、思悟、冥想、感应等）或直接将信息所指对象感知、摄取为信息（直接获取信息），或接收其他生命体发出的和已恒定存在的物态信息（间接获取信息）。

故信息获取分分为直接获取和间接获取（相对信息所指对象而言）。间接获取对于已被发出和已存在的物态信息而言，也可以看作是对其的一种使用。但这种意义上的使用与生命体将信息作为营养吸收尤其是用于指导、导致其行动，毕竟不是同等意义上的使用。信息间接获取意义上的使用实质上是信息传递、传播的实现，可称之为信息的假性使用；而将信息作为营养吸收或用于指导、导致行动，才是信息的真实性（最终）使用。

（4）信息处理

即生命体在获取信息后到使用信息前这段时间内对信息所施加的一切行为。分内化处理和外化处理。内化处理是信息处理的根本所在；外化处理只是内化处理的外在扩展形态和辅助、强化手段而已，其意义与价值在于物化、固化、强化内化处理的结果，并将其在空间和时间上扩展至社会与历史（以后、后世），从而使信息处理（以及信息）更具确定性、可靠性与社会整体性和延续性。信息处理可以只有内化处理而没有外化处理，但却不能相反，只有外化处理而没有内化处理。信息处理的指向与归宿（目的、使命）是信息使用，即提高或降低信息的质（真实性、正确性、确定性、可靠性程度），以便于使用。或者说使信息的使用能达到生命体的内在要求，能产生对生命体有利的效应，避免或减弱其可能产生的不利效应。但随着人类社会物态尤其是恒定态信息的增加和积累，信息处理又衍生出另一个目的，即提高信息处理自身的效率，以处理尽可能多的信息。

（5）信息使用

信息使用是指生命体将信息真正应用于其生命活动和社会活动中的一切行为。从信息的角度看，即信息实现价值、发挥功能的现象。信息使用除可分为实用和享用（见"信息价值"）外，还可分为直接使用和间接使用两种情况。前者指根据已被确认的相关信息立刻或很快采取行动；后者指将所需相关信息作为"营养"吸收（存储、记忆）后，使其对以后的生命活动和社会活动发挥潜移默化地"指导""影响"作用。这两种情况由信息的性质和生命体对信息的需求状况以及生命的现实状态等因素决定，且可同时存在（既立刻行动又"吸收营养"）。信息传递、传播、传授、交流（交换）即信息共享的实现，也就是对物态信息的获取，也可以看作是信息的一种使用，但这是一种假性使用。

（二）知识管理学

管理理论的主要内容是：

1. 科学管理的目的

科学管理的根本目的是提高劳动生产率。

2. 科学管理的原则

第一，对工人操作的每个动作进行科学研究，用以替代老的单凭经验的办法（以便于制定合理的工作定额）；第二，科学地挑选工人，并进行培训和教育，使之成长；而在过去，则是由工人任意挑选自己的工作，并根据其各自的可能进行自我培训。（提高工人素质）第三，与工人们亲密协作，以保证一切工作都按已发展起来的科学原则去办。（管理者与管理对象高度统一起来）第四，资方和工人们之间在工作和职责上几乎是均分的，资方把自己比工人更胜任的那部分工作承揽下来；而在过去，几乎所有的工作和大部分的职责都推到了工人们身上。

3. 作业管理

这是科学管理理论的一个重要内容。它可分为：①为作业挑选"第一流的工人"。每一个人都具有不同的天赋和才能，只要工作适合于他，就都能成为第一流的工人。②制定科学的工作方法。采用科学的方法能够对工人的操作方法、使用的工具、劳动和休息的时间进行合理的搭配，同时对机器安排和作业环境等进行改进，消除各种不合理的因素，把最好的因素结合起来，从而形成一种标准的作业条件。③实行激励性的工资制度。它包括三部分：通过工时研究进行观察和分析，以确定"工资率"即工资标准。差别计件工资制，即按照工人是否完成定额而采用不同的工资率，如果工人达到或超过定额，就按高的工资率付给报酬，通常是正常工资的125%，以表示鼓励；如果工人的生产没有达到定额，就将全部工作量按最低的工资率付给，为正常工资的80%，并发给一张黄色的工票以示警告，如不改进就将被解雇。

4. 组织管理

①把计划职能与执行职能分开，用科学的工作方法取代传统的凭经验工作的方法。劳动生产率不仅受工人的劳动态度、工作定额、作业方法和工资制度等因素的影响，同时还受管理人员组织、指挥的影响。②职能工长制。这是根据工人的具体操作过程，进一步对分工进行细化而形成的。一位"全

面"的工长应该具备九种品质：智能；教育；专门的或者技术的知识，手脚灵巧和有力气；机智老练；有干劲；刚毅不屈；忠诚老实；判断力和一般常识；身体健康。所以为了使工长能有效地履行自己的职责，还必须把管理的工作再加以细化，使一个工长只承担一种管理职能。在实际工作中，由于一个工人同时接受几个职能工长的多头领导，容易引起混乱，所以没有得到推广。

③例外原则。指企业的高级管理人员把一般的日常事务授权给下级管理人员去处理，自己只保留对例外事项也就是重要事项的决策权和控制权，比如有关重大的企业战略问题和重要人事的任免等。例外原则是泰勒做出的重要贡献之一，它至今仍是管理中极为重要的原则。

5. 心理革命

真正的科学管理和只追求效率的一阵风式的做法是完全不同的，这种不同就在于雇主和工人之间都必须进行一场"心理革命"。这场伟大的革命就是双方以友好合作和互相帮助来代替对抗和斗争，共同使剩余价值猛增，增加利润。

四、信息资源的应用前景

（一）加强信息资源管理的对策建议

信息资源管理政策不是一个独立的政策领域，信息资源的开发也不是以自身发展为目的，而是一个能够实现更重要发展目标的错综复杂的过程。经济全球一体化背景下，大国的兴衰不再是封闭舞台上自我演绎的故事，相互的注视、融合和冲突，影响所有相关者的走向。中国的信息资源管理政策只有充分吸收国外信息资源管理政策中的合理内容，更切实地反映国家社会经济发展目标，综合运用多元化手段，把信息作为一种实实在在的投入要素广泛地应用于经济活动所有领域，才能真正面向发展、谋求发展、实现发展。

1. 统筹规划，搭建信息资源创新平台

作为与物质、能源并列的社会生产支柱，信息资源对生产要素的优化、补充作用可在很大程度上减少不可再生资源消耗，使其得到更合理的配置。这种建立在高效的信息反馈和信息控制基础上的可持续发展机制符合构建和谐社会的"绿色经济"的要求。因此，政府积极介入，统筹规划，充分挖掘信息资源，搭建可持续发展"绿色经济"创新平台，不仅是优化产业结构、促使经济总量惯性扩张的科学途径，更是一个集制度创新、观念创新、意识形态创新、文化创新等创新为一体的系统创新行为。

（1）强化、完善政府功能

提高宏观调控水平、组织协调能力与市场监管能力，形成有国别特色的行政管理与协调机构，适应转轨时期经济发展的要求，推动国民经济产业结构升级；以基础信息资源建设为突破口，为完善宏观调控提供信息支持。

（2）以体制机制创新为动力，加快信息公开与信息共享

正确处理发展与安全、公开与保密的关系，借鉴美、俄等国信息公开与信息共享经验，在强调国家对信息资源的所有权、使用权和收集权的同时也保护、尊重公民个人对其合法拥有的信息资源的所有权、使用权等权益，为信息资源开发利用原材料供给清除制度障碍。

（3）坚持以人为本，需求导向

紧紧围绕国民经济和社会发展中的核心问题，紧紧抓住当前国民经济和社会的紧迫需求，集中有限资源，有步骤有重点地开发利用信息资源；充分发挥政府在信息生产和传播中得天独厚的优势，以电子政务门户网站建设为突破口，做好示范与引导。

（4）创新开放，充分利用国际国内两个市场

在区分信息资源不同类别（政务信息、公益性信息、商业性信息）基础上，对不同的领域采取不同的鼓励方式实现经济社会收益最大化。国内市场以工作与学习为导向，为生产、生活、科研等提供便利；国际市场以生活娱乐为导向，推行中国传统文化价值观念传播，维护国家文化安全。

2. 政策扶持与市场机制相结合，积极培育信息市场

目前我国正处于经济体制由计划经济向市场经济转轨、经济增长方式由粗放型向集约型转轨的双重转轨阶段，体制转轨与增长方式转轨是经济面临的双重约束，转轨的目的在于寻求适应转轨时期的制度安排，使双重约束转化为双重激励，实现经济发展。利益激励是驱动各方力量开发信息资源的根本动力。激励主要由两个部分构成，一是市场激励，市场提供信息资源开发的外部条件，对开发产生重要的刺激作用；二是政府激励，主要包括建立规则与利益诱导。市场与政府在激励方面形成良性互动才能加速培育、发展信息市场。

（1）完善市场机制，充分发挥市场力量

信息市场繁荣是一个生态问题，取决于特定的环境。政府的作用在于参与、干预、协调、组织、控制信息资源开发，为产业可持续发展创造和健全公平、公正、公开的社会环境，构造促进信息市场活动的条件体系，推动社会资源向信息市场聚集。可借鉴其他国家的经验及做法，运用财政税收工具，主动创造法制和经济环境，促进包括私营信息机构在内的所有制信息机构的均衡发展；组织各种所有制形式的信息机构参与竞争；通过外包、政府采购等方式从市场获取高质量、低成本的信息商品与服务；建立信息资源开发利用专项基金，抓好示范工程。

（2）发挥国家政策推动作用，适度保护民族信息资源开发产业

我国虽有庞大的潜在的国内信息市场，但大部分没有开发，难以获取生产信息产品与服务所能实现的规模经济；同时试图加入国际信息市场获得规模经济又面临来自美国、欧盟、日本的强势竞争，处于非常不利的地位。因此，通过一定的优惠政策、条件供给、环境优化，适度保护国内新兴的、幼稚的信息资源开发产业行为主体利益，利用关税、技术壁垒等适度保护政策，对信息资源国际合作方式及关系进行规范与协调，对本国跨国公司的信息资源输出、人才转移、市场占有等实施有效规范与限制，可为我国民族信息资源开发产业提供足够的发展时间和空间，增强其参与国际竞争的实力。

3. 将信息安全保障提高到国家安全的战略高度

当前，全球化和信息化程度发生了深刻变化，世界大国在情报侦察、形势预测和文化渗透等方面给我国带来严峻挑战，严重威胁我国信息化与信息安全的协调发展。从国外普遍情况来看，我国在信息资源管理过程中有必要将信息安全保障提高到国家安全的战略高度予以重视，并做好以下工作。

（1）维护本国文化安全

信息是精神和文化产品的载体，交流具有渗透性和跨越国界的特性，是新时代打开所有封闭社会的一把"利剑"。针对西方国家运用网络大肆传播其文化价值观的状况，可借鉴法国、俄罗斯等国做法，高度重视本国数据库和信息网络建设以及信息的传播和利用。在避免依赖别国的信息资源的同时注意保护本国的文化传统、民族精神和国家主权。

（2）构建自主可控的信息安全保障体系

当前，国际社会在加大信息资源开发力度同时都高度重视信息安全保障，加快信息安全保障体系建设步伐。在信息安全基础研究薄弱、关键技术和装备受制于人的情况下构筑一个自主可控的信息安全保障体系，积极防御，综合防范，是加快信息资源开发，保持经济平稳较快发展和社会和谐进步的基石。

4.营造公众利用的良好环境

信息成为资源必须为人所用。我国幅员辽阔，农村人口较多，亟须采取措施，营造以多渠道、多方式、多终端方便公众获取信息资源的良好环境，包括以下两方面。

（1）开发多元化信息共享渠道

可考虑借鉴国外经验，充分利用现有邮政、电信基层网络提供廉价互联网服务；在偏远农村设立公共网点，在邮局、图书馆、就业办事处等地点设立专门机构传递信息产品；提供多元化接入手段，如在宾馆、饭店、机场的公用电话上设专门的上网接口；提供互联网、手机、触摸屏、微机、数字电视、电话咨询中心等多种手段，并考虑特殊人群的信息需求。

（2）宣传教育与人才培训

建立、完善以高等院校为主体，政府、企业和社会多渠道培养信息化人才的格局。加大对基层群众教育的财政投入，加快建设贫困地区的图书文化事业；重视信息人才培养，发挥各级各类教育培训机构作用，开展相关知识与技能培训；加强宣传，增强国民的信息意识，提高国民的整体素质；建立信息人才平稳流动环境。

（二）世纪信息资源的开发与发展趋势

由于信息资源管理只关注对显性知识（如记录型和实物型的资源）的管理，而对隐性知识的管理不力，这大大限制了信息资源管理的效能的发挥。另一方面，信息资源管理的管理对象是人类智力劳动的成果——信息资源，它无法对人类的智力劳动即学习和创新过程进行管理。当人们意识到信息资源管理已经不能满足日新月异的环境变化时，产生了知识管理。实现知识管理的大背景当今社会已经具备。一方面，资源的稀缺和人类需求的增加迫使人们去寻求一种新的形态，来满足人类经济发展的需求。另一方面，在知识经济时代，各种隐性和显性的知识资源本身也成为人类宝贵的财富。知识经济的特征是创新，知识管理的核心也是创新。这些背景条件都促使着知识管理的产生与发展。

目前，信息资源集散地图书馆正面临着两种发展现实。一方面是以计算机技术、网络技术所带来的数字化资源为标志的数字化图书馆迅速发展，并成为图书馆发展的热点，另一方面是以纸质文献为主要馆藏的传统图书馆，虽然受到数字图书馆的冲击，但仍呈现繁荣发展势态，于是就出现了传统图书馆与数字图书馆并存发展的局面。

电子化、数字化是目前社会发展的一种大的趋势。所以，为了更好地开发图书馆文献资源，数字化图书馆的出现是一种必然趋势。数字图书馆是以收藏电子期刊为资源，以计算机技术为标志的电子刊物，是信息社会文献载体的形成、发展、进化的必然产物，是一种新型信息载体，它的优越性很多。首先，它使得信息的组织方式发生了巨大变化，不仅把信息和知识作为基本单元，而且能充分体现出这些单元之间的逻辑关系，为网络环境下的信息资源管理和开发提供支持。其次，这种方式使得信息传递的速度加快，范围扩大，内容更丰富，因此数据具有通用性、开放性、标准型。最后，它使得检索文献变得方便，而且易于复制，具有时效性。

要实现知识管理，必须调整传统的组织结构。传统的组织结构是一种纵向的、线性的等级结构，这种信息交流方式有很多弊端，容易造成信息失真甚至阻塞，这种组织结构也缺乏应变能力和速度及效率不高。今天的信息流通已从线性传递发展到网状传递，一方面，要求实现"零距离""无摩擦"的快速无阻的信息传递，所以我们应该建立灵活的知识型组织体系，即扁平型网状组织结构，或者说，打破部门界限，只以知识服务为中心进行管理。另一方面，现代化的信息技术是实现知识管理的推进器。无论是处理显性知识还是隐性知识，它都将发挥巨大作用。它不仅可以在硬件方面提供更高速度的信息处理设备、更大容量和更高密度的存储设备；而且还能提供更加先进的信息处理方法和更大范围的、更为快捷的通信环境。

第四章 网络环境下高校图书情报服务与发展

第一节 网络环境中的图书情报实践与学科建设

一、新时代的图书馆

（一）信息情报新时代

信息技术革命的到来和信息产业的迅猛发展，导致了人类社会信息总量的急剧增长，使浩瀚如烟的信息资源日益成为社会财富的主要来源，加速了产业经济的结构调整和发展，产生了明显的经济效益和社会效益。

1. 信息情报发展

"情报革命"一词意味着从工业社会向情报社会过渡。在情报社会中，信息处理将控制工业生产。从长远来看，政府从增加信息处理的投资中得到的收益将要比从增加工业生产的投资中所得到的收益更多。大多数的服务性职业是情报服务。

除了对电子技术越来越多地依赖之外，还有一项职能是服务行业的工作人员与自动化生产工业中的技术人员所共同具有的：这两组人员都主要从事信息处理。现在，我们正处于情报时代，技术的发展尤为引人注目。

电子技术能够充分利用有高级技能的优秀教师。例如：全息机照相能使一个教员同时在相隔数万里的许多不同的教室中同时出现。

电子信息新时代，使教育的手段与内容发生了重大改变，用文字记录下来的字句已不再是人类通信的主要工具。

在整个社会的所有部门中，情报的获取与处理都变得越发重要。需要熟悉情报的人去提供和利用新技术，把这些技术用在人类事业的各个方面。

由于情报的收集、加工和传播已经成为我们生活中一个重要的方面，所以，作为一个熟练的情报提供者图书馆员，就可能有机会去提高他们的社会价值并引起社会的重视。

信息产业是 20 世纪 50 年代在一些科学技术先进的国家逐渐形成，并得到迅速发展，是信息技术革命的产物，它以计算机和通讯为主，是一种知识和智力密集型产业，虽然起步较晚，但发展速度快，而且前景广阔。

2. 电子信息技术能力与前景

中世纪印刷机的发明，使知识的传播方式发生了革命，它大大简化了书记的复制、保存与获取的过程。电子计算机也再一次使知识的获取与利用发生了革命，它使知识的存储规模与检索速度又大大地向前推进了，不再只是仅仅存放在专家的脑子里或者存放在难于检索的专门图书馆中。现在，知识信息不仅可以被知道它的人所利用，而且也能为知道如何取得它的人所利用。

电信技术正在缩小世界。世界上任何两地之间都能在不到两秒钟的时间内发生通信联系。这些通信网络将向综合"智能"方面发展，把计算机的语言翻译成为自己的内部编码，并将内部编码再翻译成为接收终端的或计算机的语言。

（二）图书馆与电子科学技术

在社会结构之中，情报主要以一种循环的方式进行传输。所有的人都是情报用户，其中某些人同时也是情报的创造者。

包括图书馆在内的情报中心，在情报传输的循环过程中起着重要的作用。它们通过自己的收集与存储，为读者提供专业的永久性档案以及并保证对这些记录存取的可靠来源。此外，通过编目、分类及索引工作来组织与管理这些文献。在情报组织与管理方面，索引与文摘服务以及全国性的文献目录出版社都起着重要的作用。

在交流循环中，图书馆起着介绍与传播的作用。这就形成了出版物及有关出版物的情报的二次传播。情报中心的作用包括情报资料的流通，各种近期资料的报道，以及各种咨询与文献查找服务。

把正式交流过程当作一个循环过程，这是因为它们是连续的、更新的。通过对情报的吸收，读者可以得到情报，并把这些情报用于自己的研究与开发工作之中。然后，这些工作又产生新的写作活动与出版物，如此不断地循环下去。

在这个交流循环中，作者、出版者、图书馆员、情报科学家等许多人都起着重要的作用。任何一个环节的错漏都会引起严重的后果。这是因为科学成果如果得不到报道、传播、吸收与利用的话，科学的发展就会停滞。

图书馆在正式通信过程中起着非常重要的作用。它们的主要责任是收集、组织与管理情报源，并且利用这些情报源提供各种不同形式的服务。这些服务在情报传输循环中起着二次传播的作用。

现代图书馆不再是纯粹的档案管理。图书馆员正在努力消除图书管理是他们的主要责任的观念，强调其作用是各种定向服务。今天，大多数图书馆更多地关注于情报服务，而不是自己收藏的实际的人工制品。

在一些情况下（如国家图书馆），图书馆服务对象是无限的。另外，情报源也是无止境的，这是因为现代化的图书馆将能利用与获得除自己所有之外的一切情报来源。图书馆可以看成是在特定的个人（或单位）与可以利用的情报源之间的一个接口。

随着情报资源发表的形式不断地增加，在采购过程中，选择资料与合理地使用经费的问题则变得越来越复杂了。图书馆员不再只把注意力局限于纸印刷品上，而且还必须收集和利用缩微复制品、唱片、盒式磁带、电影胶片、幻灯、录像磁带与录像磁盘等。此外，还包括机读形式的情报资源，机读资源可以通过图书馆中的计算机终端来存取，尽管它们实际上是储存在千百里之外的装置之中。

图书馆的组织与管理活动确实是很重要的，但它们仅仅只是达到目的的手段。图书馆的目的是向用户界提供各种形式的服务。

二、图书馆服务方式在传统向数字化过渡中发生变化

（一）图书馆人由单一向复合型发展

加大各种现代化设备在图书馆的引入和应用，使图书馆在为读者服务的方式上有硬件保障。在现代技术条件下，图书馆人员的知识结构发生了重大变化，由单一的图书馆学、情报学向复合型的人才发展，他们将是有较高的外语知识、懂专业、熟悉计算机操作和网络基础知识及具备熟练检索信息技巧等知识多专人才担任网络参考咨询服务。网络参考咨询服务是从传统参考咨询发展而来，它继承了传统参考咨询从图书文献资料中获取信息的服务方式，与新兴的先进的信息存取技术相结合，创造了一种新型获取信息服务

方式。

熟悉和掌握先进的网络知识和使用技巧是开展参考咨询的前提，也是对读者进行宣传教育的基本内容。

其一，要在人员结构上，引进图书情报、信息管理、外语、计算机等方面的高学位人才。

其二，对现有人员进行培训，让他们充当网络参考咨询人员，从而加强读者服务工作。

其三，全面提高人员综合素质，树立读者至上、服务第一的意识，急读者之急、想读者之想，提供全方位服务。

其四，充分使用，图书馆中各种现代技术读者在这个过程中需要掌握使用和查询图书馆的各方面知识。因而，图书馆必须强化读者相关培训，举办从图书馆获取信息、计算机知识、信息技术、网络技术、网上数据库检索技巧的讲座，使读者尽快学会使用图书馆和利用图书馆，有助于进一步发挥图书馆的教育职能。

总之，网络参考咨询人员要探索和积累经验，寻找最便捷的获取信息的方式，捕捉最新和最有价值的信息，有了这样的信息，专家就可以将传统的参考咨询服务项目，如专题检索、科技成果查新、课题跟踪服务等，在网上开展起来，并借助网络工具传给用户，使服务向网络参考咨询方向发展。

（二）高校图书馆服务显现出多层次多元化

高校图书馆一般都有丰富的馆藏资源，不同院校具有不同学科的馆藏优势，但由于各种原因，馆藏利用率低。为此，高校图书馆应采取一定的技术手段，深度开发现有馆藏资源，定期将各种信息分门别类地编制成题录、资料汇编、专题文摘、快讯等各种信息产品提供给读者，或根据本校特色专业、课题、项目建立特色数据库为读者服务。要根据学校的专业和科研方向，有侧重的引入各种数据库并联网、建立各种数据库的在线服务和镜像服务，通过网络的方式，为本地区、校内专业、专题的读者提供信息传递，使服务向网上发展，从而为他们节省上网时间和费用。

高校图书馆的信息服务对象，从单一的师生不断向社会化方向转变，服务范围日益广泛，显现出多层次、多元化的趋势。因此，图书馆的信息服务形式也要多样化、自动化、网络化、数字化。如图书馆工作人员积极参与到科研人员的科研项目中，为科研项目开展定题跟踪服务；通过现代化网络设备，联网检索各种数据库资源，为读者开展专利信息、科技项目查新服务；为学生的课题设计、毕业设计开展资料检索服务；为企事业提供决策、生产经营和各种技术、标准、专利信息；把校内的科研成果介绍到企事业；深入企事业了解他们所研究的项目，课题及要解决的技术问题等情况，提供给校内科研人员，再将有关这方面的文献信息提供科研人员；通过市场了解对企事业提供的需求及企事业将要做的工作，提供有关决策、经营、研制等方面的文献信息，进行超前服务；充分利用现代网络技术和通信技术为企事业单位建立馆藏信息资源的网上查询及远程终端服务；利用自身已掌握的技术和信息为企事业单位服务；为领导、决策机构提供策划咨询服务；通过自动化、网络化、数字化的服务方式为读者提供多样化、多元化的服务来满足不同用户的特定需求。

由于图书馆经费有限，不可能保证有很多副本量供读者借阅，因此在管理上，图书馆应加强各种学科、专业阅览室的建设，既向藏、阅、借一体化开放性布局的服务方式转变，同时变传统的手工查阅卡片目录、手工填写借书证为电脑查询目录，采用激光条码技术、防盗监测技术，使读者查询、借阅快速完成，使用一卡（IP卡）走遍图书馆，让读者感到方便、快捷。在环境布置上，力求简洁明快，充分体现现代文化氛围。

总之，随着计算机技术、通信技术和网络技术在图书馆的不断引入，图书馆由传统手工服务向自动化、网络化、数字化的服务方式转变，在这种变化形式下，高校图书馆要做好文献开发和服务工作，首要的问题是转变思想观念使之适应知识经济的发展要求。为此，必须从自身狭小的范围走出来，排除"重藏轻用"的传统观念，树立"重藏重用"的观念，以用户为中心，以发展数字式馆藏为中心，以生产增值的多媒体资源为中心，以为全球用户服务为中心。当前，高校图书馆服务方式主要是"等客上门"，而不是积极主动地"上门服务"，服务方式封闭、被动，馆藏资源的利用率低下。因而，必须改变封闭、僵化的管理体制，转变旧的服务方式和方法为新的服务方式和方法，主动深入到专业和企业单位去了解读者（用户）需求，树立主动服务的新观念，培养和掌握善于从一般事物中捕捉信息的能力，以自动化、网络化、数字化的服务方式搞好读者对信息多样化、多元化需求的服务工作。

第二节 数字图书馆相关技术及其管理

一、数字图书馆发展概况

（一）数字图书馆的概念

随着计算机技术、通信技术和网络技术的迅速发展，信息高速公路的建设与利用为大规模的信息系统、图书馆系统的发展提供了环境和条件。目前，网络信息管理技术、数字化处理技术和数字式信息资源建设已成为国际竞争的焦点，各国都为此投入了相当的精力进行研究和开发。"数字图书馆"这一新概念一经提出，就得到了世界广泛的关注，纷纷组织力量进行探讨、研究和开发，进行各种模型的试验。随着数字地球概念、技术、应用领域的发展，数字图书馆已成为数字地球家庭的成员，为信息高速公路提供必需的信息资源，是知识经济社会中主要的信息资源载体。

数字图书馆是一个发展的概念，不同时间、不同领域的研究者对它可能有不同的定义，到目前为止，对数字图书馆的概念还没有统一的认识，实践上也没有固定的模式，一切都还在探索中。数字图书馆是美国在20世纪90年代初提出的概念。"数字图书馆"一词由英文Digital Library翻译而来，是用数字技术处理和存储各种图文并茂文献的图书馆，实质上它是一种多媒体资源、跨平台、多语种网络化存取，计算机系统分布式管理的智能化服务系统。主要目的是实现信息和知识资源的共享，基于上述认识，我们认为数字图书馆能最大限度地利用各地已经搭建的软、硬件环境，把各种不同载体、不同地理位置的信息资源进行接收、存储、服务。它拥有超大容量的分布式资源数据库群，为用户提供可靠的信息就需要配置高性能的软、硬件基础设施，以"分布式"和"面向对象"的计算机管理，并实现网络化存取，同时提供智能化的信息服务和资源共享机制。

（二）数字图书馆的特点

数字图书馆是与传统图书馆相对而言的，确切地说这种图书馆还处在探索阶段，真正意义上的数字图书馆尚未建成，但它应该是一种拥有多种媒体形式的、内容丰富的数字化信息资源，是一种能为读者方便、快捷地提供信息的服务机制。数字图书馆就是对有高度价值的图像、文本、语言、音响、影像、影视、软件、课件和科学数据等多媒体信息进行收集，进行规范性加工，进行高质量保存和管理，实施知识增值，并提供在广域网上高速横向跨库连接的电子存取服务，同时，还包括知识产权、存取权限、数据安全管理等。它与传统图书馆相比较，主要具有以下特点。

1. 信息资源数字化

信息资源数字化就是利用现代信息技术，将各种载体的传统馆藏文献转化为数字信息，是一种新的存储技术，具有存贮容量大、占用空间少、保存时间长、传播范围更加广泛等优点。能使更多的用户利用和共享图书馆信息资源，减少信息资源的重复购置，使有效的经费发挥最大的作用，增强知识资源的再造力，有利于科技创新。

2. 信息传递网络化

信息的网络化传输是数字图书馆为读者服务的基础。信息传递网络化有跨时空的信息服务、高度开放的信息利用以及信息传递的标准化、规范化和现代化等特征。数字图书馆通过以大网络为主的信息基础设施实现。目前，数字图书馆正通过由宽带网组成的因特网以高速、大容量、高保真的计算机和网络系统将世界各国的图书馆和无数台计算机联为一体，实现信息传递的网络化。高速的数字通讯网络是数字图书馆存在的基础。用户通过数字图书馆信息网络提供的广泛的用户接口，利用计算机终端的友好人机界面，随时随地访问数字图书馆有组织的动态信息资源。

3. 信息资源利用共享化

数字图书馆的信息利用共享化的特点实质上是一种多媒体资源、跨平台多语种网络化存取，资源存在因特网上的世界各地信息提供者和图书馆，信息资源和服务呈现出无限的特征，体现出了跨国界、多语言的资源共建、共享。从传统的编目向集中编目到联合目录发展，从信息检索到馆际互借和文献传递方向发展，从传统的图书馆在某段时间单个读者的占有资源到相同时间多个读者拥有同一信息资源的查询和服务发展，图书馆的业务通过网络来实现，使众多图书馆能够借助网络获取各类数字信息，使本馆的业务发展规划与业务活动同整个网络系统联系起来。同时，各馆也向整个网络贡献自己的特色数据库，信息资源得到共享。

4. 信息提供知识化

数字图书馆将实现由文献提供向知识提供的转变，即实现以书本为单元的低层次服务向以知识为单元的高层次服务，所以要加强文献资源的开发，进行深层次的文献加工。数字图书馆信息提供的知识化，将会为广大用户提供知识仓库的服务。由于信息加工的知识化、智能化和完备的检索系统的建立使数字图书馆能够为用户一次性地提供所需某一主题的目录、论文和著作的全文、照片、图像、声音等各种知识信息，由信息提供的多次满足转变为信息提供的一次满足。

5. 信息实体虚拟化

数字图书馆使实体图书馆与虚拟图书馆结合起来，在实体图书馆的基础上趋向虚拟化。在数字图书馆中，实体图书馆与虚拟图书馆是相辅相成的，实体图书馆是虚拟图书馆赖以服务的基础；而虚拟图书馆是实体图书馆借以发展的方向。随着数字图书馆的发展，实体图书馆中的虚拟馆藏、虚拟阅览室、虚拟参考馆员、虚拟服务将会不断得到发展。

6. 信息资源组织化

网络信息已成为数字图书馆的重要资源，信息组织形式已变为计算机的直接的网状形式。因此，数字图书馆为适应网络环境要求，成为"信息高速公路"上的中转站和节点，成为信息化社会的"信息仓库"，它是一个快速反应的服务机构，能检索经过高度索引的大量信息，并发挥中心枢纽作用。

（三）传统图书馆与数字图书馆的关系

传统图书馆是储藏图书资料的仓库，它负责收集、选择和整理图书资料，使其可以被查询利用，保存图书资料和提供更便利的利用方法。保存图书资料和提供便利的利用方法是图书馆的重要任务。随着信息技术迅猛发展，图书馆原有的封闭式运作和服务模式，如查询、维护和馆际信息共享等已经不能胜任信息社会的需要。传统图书馆所面临的变革可归结为三方面：快捷方便的电子化服务方式、最大范围的信息内容数字化和有效组织、基于WEB的信息资源共享。

传统图书馆收集、存储并重新组织信息，使读者能方便地查到他所想要的信息，同时跟踪读者使用情况，以保护信息提供者的权益。从数字图书馆角度来看，就是收集或创建数字化馆藏，把各种文献替换成计算机能识别的二进制系列图像，即：二进制的"0"和"1"。数字化技术就是将所有信号都转化成计算机能够识别的二进制"0"和"1"。所以数字图书馆存贮信息的载体是计算机磁盘、磁带、光盘等，具有存贮容量大，占用空间少，保存时间长等优点。数字是信息的载体，信息依附于数字而存在，离开了信息资源的数字化，数字图书馆就成了无源之水，无本之木。数字化存贮技术为压缩存贮空间、改进信息的组织方式、提高检索速度、方便用户远程检索等方面奠定了基础。在安全保护、访问许可、记账服务、完善的权限处理之下，经授权的信息利用因特网的发布技术，实现全球共享。数字图书馆的建立将使人们在任何时间和地点通过网络获取所需的信息成为现实，大大地促进资源的共享与利用。

二、高校数字图书馆资源建设

（一）自建数据库建设

自建数据库主要分为馆藏书目数据库和特色资源数据库建设，在馆藏数据库建设上，以校园网络为基础，图书馆自动化集成系统管理系统为平台（C/S、B/S结构），图书馆为核心的文献信息的自动化、网络化、数字化的管理中心，在校内实现以校园网为基础，图书馆为核心的文献信息的自动化、网络化、数字化的管理中心，并根据校内各专业引进和建立各类文献资源的中央数据库，实现网上检索、续借、预借、预约等，并实现校内院、系、所资料室、分校图书馆的文献信息管理模式，校内实现统一采购、统一编目、分散流通、检索等管理模式，并实现CALIS联机编目和上、下载成员馆的数据，数据的加工从题录、文摘、原文等各种载体的文献资源，形成了以图书馆为中心的文献资源中心和校内资源共享的管理体制，满足校内及现代社会环境下资源共建、共享的管理方式，实现了资源合理的配置和应用。从而使校内文献资源的管理科学化、规范化、标准化，提高了校内资源有效应用。

（二）特色数据库建设

在特色数据库建设上，各校紧紧把握本校的学科、专业特点及图书馆的馆藏特色，都分别开展了自己的特色数据库建设，如古籍数据库、地方志数据库、本校博硕士论文库、本校的科研成果、教学课件、教案、试题、声像资料、校内的其他内生资源等。在数据库系统建设上采取拿来主义，如方正APPBI数字资源平台、中国高等学校教学资源网SYNC公共教学素材资源库等都有二次开发的功能，可建立本校的学位论文、课件等特色资源库，此库在管理科学化、规范化、标准化、整体性、共建共享等方面，都符合当前数字资源建设的要求，这是关系到数据库建设成功的关键。而对这些建立特色资源库，如何进行进一步的分类、整理，按学科专业内在机理将所收集和建立的数据库进行重新组合，强调内容的独特性。既有反映学科研究成果和进展的著作，又有文献的中英文题录、文摘、事实数据、原始文献以及图形、影像材料等相互关联，使一、二、三次文献相互结合，形成集多种信息数据于一体的特色资源数据库。就是今后特色数据库的发展方向。

（三）引进资源建设

在引入资源上，各高校图书馆在广泛调查和试用的基础上，根据学校学科及发展情况，有计划、有目标、并可持续发展的引入数字化资源及数据库公司的联网数据库，形成了校内的数字文献中心，数字化资源在满足校内学科的发展需求同时，向建立工科、文科、专题等文献资源保障中心的目标发展，建立各种数据库的使用指南的课件，供读者下载使用；并利用 e-shot 软件实现校园网跨网段检索及对各数据库进行分类、标引、管理，使各类数字化资源管理科学化、规范化、标准化，提高了各类资源在管理、使用方面更加便捷。引入"网格"技术的清华知识资源共享统一平台，开发实现馆内各种数据库的统一检索，满足了用户的一站式检索的需求，方便、简捷了用户检索。实现一次检索多个数据库检索的要求。同时，引入校外访问系统也方便住校外师生使用电子资源。

1. 资源的共建共享

在资源网络化、数字化、虚拟化的时代，读者对资源的需求往往是千差万别的，而单个图书馆收藏的文献资源也往往不能满足读者的个别需求，因此，在读者提出要求后，图书馆能否满足读者需求、在没有馆藏的情况下，如何为读者提供文献资源的线索或找到它，是衡量图书馆和图书馆人员知识服务的一个重要标志。

2. 网络资源的建设

Internet 网上的学术信息资源，如网络电子学术期刊、学术会议、学术论坛、组织机构网站等的数量呈几何级数增长。它们能迅速、准确地反映各学科的最新研究成果，帮助研究者追踪本学科的最新研究进展，了解专业最新发展动态，对科学研究者有很高的参考价值。可以挖掘出许多有价值的科技和经济等信息。而读者对分散在网络上的学术信息资源缺乏有效的搜集、整序、评价，研究者要在网上查找某一方面的信息要耗费大量的时间、精力和费用。图书馆不能忽视这方面的网络信息，应以此延伸自己的馆藏。发挥自身收集文献的优势，有针对性、有重点地开发网络资源，并加以整理和归类，为读者提供引导服务。利用互联网资源，不需要自己的藏书，也不需要自己去建立数据库，只是整理、组织网上信息，投入少，又最容易见到成效。通过在主页中建立学科导航库，建立学科门户网站和虚拟信息服务体系等方式，对这一部分资源进行筛选、组织、整合，并提供使用，也是补充现实馆藏，建设虚拟馆藏，形成具有特色"虚拟图书馆"的重要手段。

第三节 云计算下图书馆自动化系统的发展及应用

一、云计算下的图书馆自动化系统

（一）图书馆自动化系统发展状况

进入21世纪，随着资源共建、共享的呼声越来越高，各地区图书馆群资源重新整合的要求也提上日程，强调图书馆之间的资源共建、共享，在区域内，需要整合图书馆群的文献、数字化资源信息，进行集中管理，才能最大限度地满足读者的要求。加之信息技术的高速发展，如Web2.0技术、移动互联技术、数字化技术、云计算技术、物联网技术以及Web3.0语义网等技术的发展和应用。90年代中期，在国内较有影响的几个大型自动化系统对当时图书馆迅猛发展而提出的要求，感到力不从心，纷纷开始升级、改版系统。究其原因，其C/S结构可谓是主要因素，它在伸缩性、可管理、资源共享、联合服务等方面存在技术上的缺陷，难以实现数字资源和传统业务的紧密结合以及海量数字资源的分布处理。如果采用的是B/S结构，很多问题就可迎刃而解了。比如区域一体化问题，移动采访问题等等。这种结构成为当今应用软件的首选体系结构，在图书馆自动化系统领域兴起的一个联合图书馆自动化系统软件，可谓第三代图书馆自动化系统的先驱，它是基于B/S结构研发的，建立在网络上，突破时间和地域的限制，随时随地提供在线服务，顺应了图书馆发展的要求，解决了很多图书馆发展中遇到的问题，联合图书馆自动化系统是通过 Internet 网络或城域网络将区域内各图书馆联合起来，组成一个区域性的虚拟数字图书馆，建立一个区域图书馆群的电子化、数字化、网络化的信息空间，同时通过网络达到与其他信息的资源共享与协作，通过一个统一的虚拟的门户，向读者提供服务。

（二）云计算环境下图书馆自动化发展趋势

图书馆由购入图书馆自动化系统产品转向购入服务。目前，图书馆购入图书馆自动化集成系统是软件产品，是由厂商负责前期的安装、维护、培训等工作。一般来说，除了首次上门服务外，其他有问题的维护，厂商多通过电话、网络形式等咨询解答服务，很少再提供上门服务。由于各图书馆维护人员的管理、技术水平参差不齐，通常系统会出现这样那样的问题（系统本身、工作人员误操作、外部环境温度、停电等），有时会造成图书馆书目数据损坏或丢失。而在云计算环境下，图书馆不必考虑设备、系统的更新、维护等问题，在任何地方对系统出现的问题则由厂商管理员负责解决问题。图书馆只是文献的加工者和为读者提供服务的应用者，因而说，图书馆由购入产品转向购入服务。

图书馆开源自动化系统的开发应用情况，在一定程度上反映了当前数字图书馆系统与技术的发展水平。而 21 世纪初"云计算"概念的提出，云计算就是一些可以自我维护和管理的虚拟计算资源，通常为一些大型服务器集群，包括计算服务器、存储服务器、宽带资源等等。云计算将所有的计算资源集中起来，并由软件实现自动管理，无须人为参与。以上开源图书馆自动化系统为云计算系统的初级应用，在国内有：广州图创计算机软件开发有限公司的中小型图书馆自动化管理平台。在厂商的服务器上安装管理软件、由厂商负责维护，图书馆通过网络浏览器实现业务的自动化管理，现主要面向中小型图书馆。从以上来看，各图书馆必须面对自己的实际情况，利用新的概念，新的思想和新的技术，做好自己数字图书馆体系结构的发展规划和布局，为读者提供智能化的服务。

二、高校图书馆为远程教育提供资源保障

（一）加强高校信息资源建设，为远程教育服务

现代远程教育依托现代网络环境，这就要求高校图书馆为其提供的文献信息资源及其服务也是基于网络的，因此，高校图书馆首先必须加强网络

化建设。网络化的前提是自动化，现今高校图书馆通过引进国内外的图书馆自动化系统，基本完成了馆内资源的自动化和网络化建设，随着校园网基础建设的逐步完成、普及和深入，教师、学生在办公室、家里和宿舍都可上网，图书馆的自动化、网络化、数字化的服务，通过网络向校内读者提供图书馆的书目信息和购入各种数据库及联网数据库信息查询。但在服务的资源方面：体现高校自身特色和具有自己知识产权的一些文献资源开发不足，反映到校内，就是网络环境具备的情况下，自有知识产权的基础信息资源（本校学校成果、硕博论文学报、学科带头人资料库、多媒体课件、专题资源、历届考试试题信息、学校技术资料信息、高等院校专业会议信息等等）没有有效的组织、整理和数字化，从而表现为校内资源建设的滞后。当然，这方面工作有的高校正在完成和准备完成中。

就整体讲，各高校图书馆应加强基础信息资源的工作，加大校内信息基础建设投资，把服务向校内外延伸，从而实现面向用户文献信息服务的自动化、网络化、数字化，为远程读者提供文献信息资源的保障和服务。同时，图书馆还需承担起指导校内信息资源建设的工作，这就需要图书馆进一步努力，根据学校专业和教育部制定的《面向 21 世纪教育振兴行动计划》，把现代远程教育工作作为跨世纪教育改革和发展的重点工程之一，形成开放式教育网络、构建终身学习体系的目标，进一步统筹、规划、校内资源的建设，把校内已有的各类信息资源开发好、利用好，形成校内特色信息资源库，为学校校内资源的共享和今后的远程教育做好资源的保障工作，从而形成以校园网为基础的文献信息服务的自动化、网络化、数字化。当然，校内文献信息资源的数字化工作必须走标准化的道路，强调特色、先进性并注意同世界接轨。

（二）加快馆藏数字化建设，提供全方位网上服务

随着网络的发展，Internet 日益普及，网络信息资源越来越丰富，图书馆如何为现代远程教育做好文献信息资源的保障工作，资源的数字化是手段、是提供网络服务的物质基础，资源的上网服务是目的。因而，资源的数字化建设可从下面三个方面进行。

1. 馆藏印刷型文献向数字化转换

被转换的文献是图书馆馆藏中使用价值大、有特色的文献，如学校成

果库、校内硕博论文库、本校学报库、多媒体课件库、专题数据库等。在数字化的过程中，应注意数字化文献尽量制作成全文数字化资源，并注意协调与网络共享。

2.加大馆藏中的数字化资源

指购置公开出版的数字化文献，包括国内外的各种多媒体课件、电子图书、电子期刊、各种专业、专题数据库、网络数据库、在线数据库及签署协议的联网数据库，在本馆建立馆外信息资源和数据库镜像点。通过馆藏数字化建设，调整馆藏结构，使数字化资源在馆藏中的比例逐步加大，从而适应现代远程教育所带来的网上信息需求。

3.建立突出学术性、专业性的虚拟图书馆

图书馆应根据现代远程教育特点，对网上信息资源进行评价、选择、加工和合理的组织，向远程学习者提供高质量的、便于利用的网络信息资源或资源导航系统，使远程读者能够便捷的获取学习资料，提高学习效率。图书馆应建立网上虚拟图书馆，虚拟馆藏的建设要突出学术性、专业性，重视网络学科专业信息资源建设。例如：有些大学图书馆已经研制出CALIS课件，该系统包括教师、学生、题库、管理等模块，涵盖了教学大纲、教材、学员资料、编目条例、全文及索引、目录等内容。该课件的建立，将使远程教学与图书馆文献建设相长。因而，针对自己的远程用户，建立学科专业引导库、课件资源库，供读者浏览、查询、学习该学科世界范围内方方面面的信息，了解该学科的历史、现状，包括学科发展方向、学科研究内容、最新研究动态、学科带头人、核心期刊、学科出版物、学术会议、学术机构、学科论坛、学科后备人才及相关web网站的连接和导航，是今后图书馆在网络化收藏、开发、应用、服务等方面的一项重要工作。

（三）发挥图书馆教育职能，促进资源更好应用

高校图书馆要为现代远程教育提供文献信息保障，必须加强高校基础信息资源建设，把高校具有的特色文献转换为数字化信息资源，通过可视化信息窗口，给读者提供网上服务。同时，通过馆员素质的提高，培养读者使用资源的能力，并加强资源共建共享工作，建立起本校远程教育文献信息资源的保障系统。

随着现代远程教育、网络通信技术、多媒体技术、信息处理技术的飞

速发展，人类社会开始进入一个网络化、信息化、数字化的时代。时代的发展，需要人们不断地学习，以跟上时代的要求，终身学习将是时代的风尚，各行各业的人员都需不断地学习。因此，作为信息传播的中介者，图书馆管理人员更需要不断地学习，熟悉图书馆的馆藏（纸质、数字化资源、网络数据库、网上虚拟资源等情况）资源状况，也要善于捕捉、发现、组织信息，不断掌握和熟悉各种新知识、新技术（计算机、数据库技术、网络技术、多媒体技术等）来为读者提供知识创新和知识重组的服务，要发挥图书馆的教育职能，培养为广大读者在网络时代、信息日益广泛的情况下，如何科学地查找到所需的信息，从而使读者在资源数字化、传输网络化、检索智能化、服务社会化、学习终身化的环境下，更加方便、快捷、全面、准确的使用信息资源。图书馆可以通过开展检索课或通过短、中、长期（小时、天、周、月、年）培训班来进行读者培训工作。要深入读者群进行宣传工作，培养读者使用各类信息资源的力度，最大限度地发挥信息资源的使用效益。

（四）加强馆际合作，联合保障共建共享模式

随着现代远程教育的不断发展，单个高校图书馆难以承担多专业、多层次的现代远程教育信息资源保障工作。各校现代远程教育所需文献信息具有较大程度的相似性和重叠性，各高校图书馆可以密切合作，合理分工，从整体上协调本地区乃至全国文献信息资源建设，以共建共享方式提供信息资源的联合保障。

1. 建立校内信息资源采购中心

从引进资源上保持不重复的原则，从而节约经费，有计划的引入更多文献信息资源、数字化资源、多媒体课件资源，同时，建立校内各分馆、专业、院系所资料中心的各种基础信息资源中央数据库，把校内资源共享及上网为校内、外读者利用，从而发挥高校资源的最大使用价值。

2. 图书馆之间达成协议

图书馆之间积极签署馆际互借协议，成员馆之间达成协议，做到"整体规划、合理布局、集中采购、资源共享、联合保障"的建设方针，成员馆之间从引入资源方面联合引入资源共享，从而使有限的资金使用更多的文献，同时，各馆之间应有分工和侧重地收集文献资源，形成特色，便于共享。

3. 图书馆之间开展资源共享

现阶段进行的有：书目信息共享、篇名信息共享和全文信息共享。目前，虽然许多图书馆通过网络实现了远程书目信息和篇名检索与浏览，但仍有些馆仍然无法便利地得到全文信息。在未来的一段时间内，图书馆之间应加强网上的馆际互借、网上各类资源的传递工作，如和国家图书馆、中国高等教育文献保障系统（CALIS）、国家科技图书文献中心（NSTL）等建立联系，使服务向网络化、社会化的服务方向发展，成为远程用户获取信息的信息源和提供者，并起到桥梁和枢纽的作用。

第四节 网络环境中高校图书馆及其读者的变化

一、高校图书馆信息网络化的发展与思考

高校图书馆不仅仅是学校资料信息中心，也是为教学和科研服务的教育学术性机构。现代科学技术给人类带来生产生活巨大的变化的同时，给在信息服务方面也带来巨大变化，将先进的信息技术结合运用于图书馆的管理和服务之中，是我们必须面对的工作新方向。

（一）现代图书馆概况

现代图书馆以电子计算机运用为主要标志，其类型、功能、文献载体和服务方式都日趋多样化，管理和操作系统越来越系统、电子、科学化，它承担着对海量文献进行系统搜集、有序储存、科学管理、开发利用等使命，其载体不再局限于纸质书刊等方式，音像视频、电子书刊所占比重越来越多。图书馆性质和职能出现了大的变革，其直接动因是现代科学技术在图书馆的广泛应用。

电子计算机、现代通信技术应用于图书馆，改变了储存知识的形式和获取知识的手段，为图书馆的电子化、自动化提供了物质和技术条件；光学记录技术、声像技术在图书馆的广泛应用，造就了图书馆载体和服务方式的变革。

图书馆不仅为读者提供以卷、册为单位的原始文献资料，而且对其所收藏的知识材料进行电子深加工，以满足用户便捷、快速需要，从而实现图书馆工作情报化。

（二）信息网络化对高校图书馆的推动作用

网络功能强大，可深入到当代人学习、生活、工作的各个方面，为人们提供高效实时的服务。在网络环境下，获取信息不再受时间和空间的限制，读者可以通过计算机网络在家中、办公室以及其他地方自由使用图书馆资源，做到足不出户便可享受图书馆提供的信息服务。

信息需求是激励人们积极开展信息活动的源泉和动力，它对人们的信息活动有着重大的推动作用。

1. 高校图书馆现代意识凸显

信息的网络化，使高校图书馆的资源由传统的馆藏扩展到网络的信息空间中，极大地开拓和丰富了信息资源的种类，信息资源结构发生了极大的变化，图书馆的馆藏结构由单一的实体文献馆藏转变为实体、虚拟文献并存的馆藏，同时也改变了图书馆传统的建设模式。高校图书馆服务不再局限于到图书馆查阅文献信息资料，图书馆馆员也可利用电子邮件迅速、便捷、经济地为师生读者服务，提高了服务效率。

抛弃小而全分散封闭自我发展的传统藏书模式，用开放联合整体发展的新理念指导馆藏信息资源建设。面临信息时代的挑战，改变重藏轻用，向电子信息资源建设与开发转变，以保障多方位信息需求为出发点，整体上研究所用信息的采集加工、组织存贮、链接传送和开发利用，以保证信息资源建设的顺利进行。

2. 高校图书馆管理结构革新

信息数字化、网络化的发展从根本上推动了图书馆的发展进程，计算机日渐成为图书馆的主要硬件设备，图书馆采用各种自动化集成系统，完善了内部网络工作环境，呈现出网络化、信息化、智能化和社会化的特点。图书馆开展自动化管理，实施网上预约催还书、推荐新书等措施，解决紧俏文献供需间的矛盾和逾期罚款的问题，使流通工作更具人性化。

现代高校图书馆的信息资源，从某种意义就是庞大的数据库资源。文献资源的质量和规模是数据库的质量和规模，将馆藏的纸质型文献及其他各类载体文献数字化，组织成数据库载入网络，提高馆藏文献的便利性和共享性，读者享用信息资源的工作统计变得非常便捷，与传统手工操作相比，效率高出数倍，更好地完善了图书馆的管理工作。

3. 高校图书馆不断更新的网络信息服务

随着图书馆联盟和数字图书馆的发展，信息服务须以用户需求为中心，在网络环境下进一步提高服务质量。高校图书馆一方面要通过收藏保存信息资源来满足用户对信息的需求，另一方面还要充分利用各类图书馆及多方信息渠道提供者的信息资源来满足用户的信息需求，丰富和完善本馆资源体系，更好地满足师生的信息需求。此外，充分开发馆藏资源全方位实现文献资源网上服务，对图书馆的特色文献资源进行深层次电子加工和开发，以用户需求为中心，主动开展个性化、人性化服务，以满足不同用户的信息需求。

4. 馆员素质有提高

图书馆的信息资源建设，在不断地引进新技术新方法的过程中，不仅要重视硬件设施的配置，更要加强现代化人才的培养。图书馆员的文化知识结构、管理能力达不到网络环境要求，就容易造成网络运转不畅、设备闲置、资源浪费等不良现象。因此，图书馆专业工作者的知识内容、职业技能需要不断更新和强化，对信息资源进行科学分类组织、加工整理，以及对信息进行深层次的研究和开发，对读者在使用过程中遇到的相关问题予以及时解决。

（三）信息网络化给高校图书馆发展带来挑战

网络环境下，高校图书馆工作从内容到形式发生了深刻的变化，许多业务工作都需运用计算机和网络来完成。读者不再局限于持证到馆，更多的读者则为网上用户。图书馆不但需要为用户提供印刷型文献，还需更多地提供数字化信息；不但要向用户提供本馆的实有文献，还需挖掘搜集提供用户所需的网上资源。图书馆工作重心从馆藏的程序开发，转至网上联合分编系统的建立及运用。作为技术含量相对较高的图书馆业务工作人员，将从重复劳动中走出，更多面向广大读者提供专业化与个性化的信息服务。

1. 传统高校图书馆职能面临冲击

网络信息技术，是现代通信技术和电子计算机相结合而构建，是宽带高速综合广域型数字式电信网络，并随网络技术的发展而迅猛发展。信息机构以网络为传输手段，以数字化信息资源为基础，为用户提供适宜个性化和全程式的信息服务创造了优异条件。图书馆的传统服务方式受到前所未有的冲击和挑战。一方面，信息网络的极速发展，加快了信息的传递速度，极大地促进了国内外学术活动的交流与发展；另一方面，全球经济一体化的态势，又进一步扩大了国际信息交流，信息网络的建设与发展随着信息全球化而快速发展。在网络波涛汹涌的冲击下，各种信息传播和服务机构纷纷涌现，传统高校图书馆的职能和作用受到冲击，变革发展之压力日显。

2. 用户信息需求具有复杂性

人类物质和精神的需求都离不开对信息的需求，随着社会的进步与发展，人类将越来越多地依赖于对信息的需求与满足。可以说人们无限的信息需求涉及社会各个角落，大学教师、学生各有不同专业领域，学习活动是多样性的。因此，用户信息需求的复杂性是其基本特点。或是工作需要，或是学习研究需要，面对网络化所带来新而全的信息资源，用户产生的需要是渴望式需要。

3. 快速发展的信息网络化日显高效率

随着现代化信息技术的不断进步，读者使用信息的方式与手段发生了改变。社会政治经济文化的多元化发展，使人们总体需要不断增大，需求层次向更高阶梯发展。信息网络化以动态迅捷的形式发展着，信息网络容量大、传播速度快，为人们提供了高效海量的信息资源。教师、学生工作学习的效率越来越高，生活节奏也逐步加快，对信息的需求体现出高效率的特点。通过利用新技术整合信息并开展信息交流环节，查阅资料更快捷更方便，激发了读者对信息的高效化要求。

（四）对信息网络化图书馆发展的思考

当今时代，高校图书馆必须适应时代的发展和需求，创新服务方式，提高服务质量，加快网络信息资源建设的步伐，更好地为师生提供高效能的信息服务。

值得高校图书馆在信息管理、开发服务等方面去思考的以下几个问题。

1. 自身包容性创新发展

图书馆作为知识与文化的重要物质载体，要将创新置于极其重要的地位。通过构筑包容性创新系统和创新能力，为学校提供有效的传送知识服务，使得全校师生在教学科研、精神文化方面不断有新的提升，这就是创新的传导机制在图书馆包容性发展中的体现。

对于图书馆信息资源建设，建立和完善多功能数据库是图书馆实现计算机网络化的关键，使资源建设的物质基础不断开发和应用。应进一步开发各种专题数据库，发挥学校图书馆特色资源优势，充分提高信息资源利用率。

创新与知识文化的结合，即是由传统简单被动借阅模式转变为横纵交叉的、彼此关联合作的系统模式。因此，必须建立起图书馆自身的信息网络，合理配置文献资源，实施网上协作采访、集中编目以及馆际互借等。

2. 绩效管理，业务重组

网络环境下图书馆工作须以提高综合效益为主要目标。对图书馆的评估重点应从办馆条件、基础业务工作向深化读者服务、开发信息资源、创新学术研究等方面转移，建立健全适合效能图书馆特点的综合绩效评估体系。

传统图书馆的运行机制是面向内部管理，是为物化文献的采集、加工整理与流通而服务，侧重于物质流的管理。纯信息技术支撑下的图书馆管理模式，注重对信息流（相对于物化文献而言的数字化文献）的开发与传播。网络环境下的图书馆应将实有文献与虚拟资源有机整合，真正实现运行机制的改革。

3. 信息网络化服务与专业知识技能并进

图书馆工作既是一项业务性工作，又是一项技术服务性工作。专职人员要有扎实的业务功底和新时代的服务意识、技术能力，须练就过硬的业务技能。要善于提出新办法、新思路，勇于打破传统的条条框框和陈旧模式。对信息资源进行科学分类、合理组织、专业加工以及对信息进行深层次的研究和开发。掌握各类图书、各载体图书文献的传播方法，努力使自己掌握科学先进的工作技能，成为一专多能的图书馆工作人员。

信息技术的发展，将不可避免地对原有图书馆服务思想和模式带来冲击，只有传统方式与现代信息技术科学结合，人和机器相协调，才能为读者提供更加优质的服务，为提高科研、教学水平构建先进实用平台。网络信息技术正在快速推动图书馆的发展，呈现出信息网络化的新特点，以纵横交叉的互动式来实现信息知识的交流和共享，把互联网络信息资源深入化、效能化，使分散的资源集中起来，让广大读者得以共享图书馆自动化信息管理系统。信息技术的使用促进和完善了图书馆的管理工作，高校图书馆信息网络化发展势在必行。

二、高校图书馆知识智能化服务的建立

随着信息技术的发展与普及，用户除了通过网络实现资源共享外，还希望在有关智能数据库指引下,将大量有关信息加以集中系统组织,进行内含知识的二次开发或知识重组,从中提炼出利于形成创新思路的知识基因,并及时提供使用效果反馈,同时希望图书馆营造一个优质高效的组织环境和高雅宽松的网络环境,以利于知识创新和计算机网络发挥效益。用户需求在服务的环境和工具方面的变化使图书馆适应数字化、网络化发展趋势,一方面要加快局域网馆藏书目数据库建设和广域网信息网络建设,另一方面要加强网络环境下信息资源建设和提高在线信息组织和服务水平,尤其要加强网络中处于核心技术地位、具有导航智能作用的指引库的研究开发。

(一)图书馆智能化建设主要内容

在网络环境下,知识资源数字化的全方位服务体系逐步建立。自建、开发、研究相结合,实现知识资源的网上服务。其主要内容有如下。

采用先进的 Browser/Server/Database 三层结构的信息管理系统,开发、建立 Unix 数据库和基于 Oracle8i 的多媒体数据库,进一步激活馆藏资源,实现图书馆网上视频、音频资料的查询和播放。

开发多媒体信息查询软件和图形界面的 Web 浏览器。

先进的 ASP 和 XML 技术动态网页编写功能网页,实现了数据库与网页的动态链接,保证了信息查询软件和图形界面的 Web 浏览器。

自建数据库网上提交建库、发布与检索引入数字加工设备与海量存储设备对相应载体的馆藏资源进行有效资源整合、数据加工、转换,开发和利用,从而激活特色馆藏知识资源。并通过浏览器,以填写表单方式远程提交论文的题录、文摘、全文等论文信息,提供论文信息的网上提交、修改、预览等功能,信息提交后直接入库,快速建立起各种论文库,论文全文格式可以 RTF、WORD、ADOBEPDF、HTML、XML 等格式。从而实现校内特色知识资源的共享。

图书馆网站管理系统网页的建立使图书馆对用户在网上管理成为现实,通过浏览器为用户提供所需的服务。

采购人员可在网上直接从书商处订购,使订购更加方便和快速。

可以从网上下载、联网成员馆下载及外购 MARC 数据,使编目数据质量提高。

研究网络化的检索服务,即提高检索速度,也使效率极大提高。

开发、研究并积极利用软件探索图书馆为读者的多元化服务，通过开发浏览器、电子邮件、通讯方式及打印方式，为读者提供服务。

建立网上读者推荐书目信息库，读者可直接委托采购人员从网上推荐所需图书，并根据不同的读者级别进行采购。

提供我的图书馆个性化服务（内容包括：我的账户、密码修改、书目查询、网上续借、预阅、我的推荐、我感兴趣的图书、发表书评等等），使网络服务更加个性化。

开发建立读者需求数据库，通过图书馆局域网和因特网实现了网上远程服务，读者通过图书馆局域网与因特网的连通，在网上查询图书馆的馆藏资源和所需的信息，通过电子借阅索书单或电子邮件发向图书馆读者需求库或读者服务信箱，图书馆工作人员根据读者需求的信息主动送书上门服务或通过通讯、网络提供远程服务。

（二）智能化建设的方法和途径

1. 实施图书馆自动化集成系统

以全国图书馆界使用最广、最多（达1800多家）图书馆自动化集成系统作为图书馆对用户实现自动化、网络化、数字化、智能化的服务的基础，研究、建设、开发和应用图书馆的书目知识资源的数据库库建设，实现采购人员从网上下载订购数据或可接受磁盘、光盘的 MARC 数据；通过 Z39.50 协议和 CLASE 和中国科学院期刊数据库的联机编目，实行一卡制，走遍图书馆；进行电子阅览室、特殊阅览室、特殊借阅服务；进行期刊、期刊目次等的管理；网上的读者查询、续借、馆际互借等功能成为现实；根据馆藏特点，建立专题数据库，进行定题服务及管理，同时系统可实行客户管理、课题管理、信息管理等功能；能充分体现高校分馆、院、系、部等多级采、编、流、刊的多级管理和运行体制；开发集图片视频声频资料处理为一体，能播放 CD、VCD 等声频、视频资料等功能；从而进一步提高服务功能、服务水平、服务质量、管理方面上新台阶，也会使图书馆管理人员在掌握软件的过程中，实现馆员们的在岗学习，业务方面会更上一层楼。

在此基础上，引入海量存储设备和数字信息加工设备，对特色馆藏知识资源进行有效的数据化的加工、制作并上网，利用 KBASE 数据库软件，为用户提供特色馆藏服务，并研究对引入的各种载体的数据库（我馆以引进

26个光盘网络数据库和在3家数据库公司的在线数据库)、网络数据库、联网数据库、网上下载数据库等，进行有效的组合和开发，开展各种学科、专业、课题、学术带头人等形式知识仓库的建设，形成馆藏特色，为读者进行网络化的服务。

2. 实现图书馆现实馆藏和虚拟馆藏的服务

利用计算机技术、多媒体(声频、音频)、网页制作、数据库、数据库接口、数字化信息建设标准等技术，研究、开发、制作图书馆网站管理系统和网页制作系统，实现网上图书馆的现实馆藏和虚拟馆藏的服务，并有针对性地建立图书馆特色知识仓库现实知识馆藏和虚拟知识馆藏的搜索引擎。

3. 建立图书馆自动化管理平台

如海量存储平台，电子资源平台，信息资源加工平台，信息传递平台。使图书馆的用户充分享受网络带来的快速、全面、便捷的数字化信息服务。

4. 对读者建立全方位知识服务体系

通过管理和各种技术的实施，研究、开发、探索图书馆在数字化、智能化条件下，对读者全方位知识服务体系的建立，从而形成一种适合高校特点的图书馆的知识服务体系。

总之，高校图书馆数字化、智能化建设与知识服务体系的创建，将为中小型图书馆在数字化、智能化建设方面提供可借鉴的方法，为图书馆在网络化服务方面探索一种方式，图书馆网站管理系统的开发和搜索引擎的开发及相关专业、相关课题、相关专题等知识现实馆藏和虚拟馆藏的建立，以及全文数字化加工设备、海量存储设备的探索应用，将为高校图书馆在这些方面应用起到示范作用，同时，在图书馆管理、通讯、环境建设、安全、防火、防盗等各方面的自动化建设，将为智能化图书馆建设探索一种可借鉴途径和方法。从而在图书馆全方位建设、全方位服务方面做出应有的贡献。

图书馆建设最终目的是服务，而通过高校图书馆数字化、智能化的建设与知识服务体系的创建，不仅为校内用户提供了全面、周到的知识服务，同时可为社会上用户提供服务，也为图书馆之间的馆际协作提供了实质性的内容，同时为用户又增添了一个信息源，激活了一方资源，丰富了图书馆的网上资源，使图书馆网上服务功能成为现实，因而社会效益显著。

三、高校图书馆服务方式的新发展

随着计算机技术、通信技术和网络技术的迅猛发展，信息高速公路的建设与利用为大规模的信息系统、图书馆系统的发展提供了环境和条件。图书馆的服务由传统手工服务向自动化、网络化、数字化的服务方式转变，在这种变化形式下，图书馆原有的服务方式已不能适应这种变化，因而，在现代网络环境下，如何做好读者服务工作，就是人们值得思考的一个问题。

（一）网络环境中高校图书馆及其读者的变化

传统图书馆时代，图书馆的大量人员在做整体文献的整序排架工作以及整体文献的借阅工作，少量人员做文献采集工作以及整体文献的借阅工作和专题、定题文献服务工作。高校图书馆一般都处在自动化、网络化、数字化服务的不同阶段，有的已有数字化图书馆的雏形，服务从手工向网络化发展，校园网的建立并连入 CERNET 及加入 CALIS，使图书馆间文献分编数据的共享已不成问题，文献编目工作退居辅助性地位，分编人员大大减少。

现代技术的引进、网络技术的发展，使图书馆服务方式、服务手段遇到了不可回避的冲击与挑战：其一，图书馆由原有的"重藏轻用"向现在的"藏用并重"转变，其服务有封闭、有限度的性质。在现代信息技术条件下，图书馆以你能为社会提供和传播多少信息资源及如何把你的信息资源和其他的信息资源联系在一起，把你的信息资源用出去为前提，其服务具有开放性、全球性。其二，由原有收集、储藏的主要功能，逐步向以收集、储藏及生产增值的多媒体信息资源的功能转变，收集的方式主要是从 INTERNET 上下载各类信息，贮藏主要是磁带、磁盘、光盘等，生产增值的多媒体主要是对收集、储藏的各类信息的再一次加工、处理，即：声、像、语言等的加工，图书馆的服务向网络化服务发展。其三，与传统图书馆相比，读者的阅读方式是随时、随地通过计算机终端进行查阅，它不受时间、空间的限制，为读者提供了一种同时集文字、声音、图形、图像、动画等诸多信息的多媒体交互式学习环境。读者通过操作来控制阅读，提高了阅读效率，图书馆的服务方式是在线式的服务方式。其四，变传统的等客户上门的被动服务为走出馆门、走向专业、走向社会的主动服务；尽力推出系列的特色服务：网络预约借书、电话预阅续借、书报刊代复印、定题跟踪、课题查新等服务。其五，图书馆为读者提供各种借阅和信息咨询等服务的方式将发生变化，原有图书馆内完成的服务，将变为馆内和 Internet 网上相结合服务方式完成，图书馆管理员的作用是在搞好馆藏资源的同时，更主要的是利用他们的能力来组织 Internet 上的信息，利用他们的经验来检索数据，评价有效信息，使网络空间对其他读者来说更便于使用。同时，图书馆管理人员将建立 Internet 上的许多主题指南、导航站点、智能化搜索引擎，便于读者使用。而读者在联通 Internet 下任何一台计算机下都可直接查阅 Internet 网和本馆的电子书刊资料，这将大大地减少读者到馆的服务及图书借阅工作量，同时读者对电子图书的使用也不存在独占、超期、破损等问题。借助信息高速公路，可实现图书资源的全球共享。从而使图书馆的服务向引导、咨询、研究型方向发展。对于以上一系列的变化和发展，应有充分的认识，只有认识到了变化和发展，才能应对变化和持续发展，从而搞好读者服务工作。

（二）转变图书馆服务方式之对策

1.加大现代化设备在图书馆的引入和应用

在现代技术条件下，图书馆人员的知识结构将发生重大变化，将由单一的图书馆、情报学向复合型的人才发展，他们将是有较高的外语知识、懂专业、熟练地计算机操作和网络基础知识及具备在网上有熟练检索信息技巧等知识的人来担任网络参考咨询服务。网络参考咨询服务是从传统参考咨询发展而来，它继承了传统参考咨询从图书文献资料中获取信息的服务方式，并于新兴的先进的信息存取技术相结合，创造一种新型的获取信息的服务方式。熟悉和掌握先进的网络知识和使用技巧是开展参考咨询的前提，也是对读者进行宣传教育的基本内容。因而，首先要引进人才，引入图书、情报、信息管理、外语、计算机等方面的高水平人才；其二，对引进人才和现有人员进行培训，使他们充当网络参考咨询人员，从而加强读者服务工作；其三，全面提高人员综合素质，树立读者至上、服务第一、急读者之急、想读者之想，树立全方位服务的思想；其四，图书馆中各种现代技术的充分使用，读者在这个过程中需要掌握使用和查询图书馆的各方面知识，因而，必须加强读者利用图书馆知识的培训，办各种从图书馆获取信息、计算机知识、信息技术、网络技术、网上数据库检索技巧的培训班，使读者尽快学会使用图书馆和利用图书馆，这将有助于进一步发挥图书馆的教育职能。

总之，网络参考咨询人员还必须在实践中，探索和积累经验，寻找最便捷的获取信息的方式，捕捉最新和最有价值的信息，有了这样的信息专家就可以将传统的参考咨询服务项目如专题检索、科技成果查新、课题跟踪服务等在网上开展起来，并借助网络工具传给用户。从而在人才上对读者服务工作有保障，使服务向网络参考咨询服务方向发展。

2. 建立多项专题数据库

图书馆可在保障教学的同时，建立专题数据库。其一，根据学校的专业和科研方向有侧重地引入各种数据库并连网、建立各种数据库的在线服务和镜像服务；其二，引进文献信息资源加工、生产设备，开发信息资源；其三，可有效地组织开发网络信息资源还可以通过建立"镜像"专业、专题数据库来完成，就是咨询馆员将精选出来的有价值的网上信息系统合法地备份下来，去粗取精建立各个专题数据库，为本地区、校内专业、专题的读者提供信息精品，从而为他们节省上网时间和费用。

3. 积极主动"上门服务"

当前高校图书馆服务方式主要是"等客上门"，而不是积极主动地"上门服务"；服务方式封闭、被动，馆藏资源的利用率底下，因而必须改变封闭、僵化的管理体制，转变旧的服务方式和方法为新的服务方式和方法，主动深入到专业和企业单位去了解读者（用户）需求，急读者（用户）所需、急读者（用户）所用，树立主动服务的新观念，培养和掌握善于从一般事物中捕捉信息的能力，提升服务水平。例如：随着教学方法的改革，教师将会更多地组织学生进行专题学术讨论。一所大学必须有丰富多彩的系列讲座和学术报告，每次精彩的报告、讲座必然汇聚一批读者，聚焦一个专题，指向一批相关资料，图书馆馆员应该敏锐地抓住这一点组织工作，如果想要有效果和优势，必须与讲座、报告的组织者密切合作。图书馆要有学术讨论室并且配备相关课题的文献供学生查阅。

4. 深入读者群调查、研究

高校图书馆馆员应深入读者调查、研究、分析不同层次读者阅读心理需求，有针对性地做好不同层次读者对文献的需求特点，通过各种服务方式（网络化、电话等）为读者快速、优质、全面地搞好服务。对专业文献的需求一般都是教师指定的或者与专业有关的教学参考书，品种比较单一。但随着年级的增长，他们所需的品种也越来越多，对文献的需求和阅读心理将发生变化，因而，图书馆工作人员要研究读者心理需求，做好文献的收集和服务工作。总之，要根据不同层次读者对文献的需求和专业特点，结合现代化网络设备，对不同读者做好服务工作。

5. 实行一卡（IP卡）走遍图书馆

由于图书馆的经费不可能保证很高副本量供读者借阅，因此，在管理上图书馆应加强各种学科、专业阅览室的建设，既向藏、阅、借的一体化开放性布局的服务方式转变。同时，变传统的手工查阅卡片目录、手工填写借书证为电脑查询目录，采用激光条码技术、防盗监测技术，使读者查询、借阅快速完成，使用一卡（IP卡）走遍图书馆，使读者感到方便、快捷。在环境布置上，力求简洁明快，充分体现现代文化氛围，使读者感到亲切。

总之，要以读者的不断需求为中心，树立读者至上、服务第一的思想，以读者为中心，以信息资源建设、开发为基础，藏、用并重为方针，以网络化、数字化发展为方向，以提高馆员业务素质为动力，向一切信息的需求者进行多层次、全方位的服务。只有这样，图书馆的服务方式才能由传统服务向自动化、网络化、数字化服务方式的转变，才能适应时代的变化。

第五章 信息时代公共图书馆数据获取与学科支撑功能

第一节 基于数据获取与处理的数据素养功能

一、数据获取与信息来源

科研数据主要包括调查数据、实验数据、统计数据、仿真数据、遥感数据、空间数据、观测数据等。学科馆员的数据素养主要体现在对这些数据的获取、再利用、数据库重组、数据分析与可视化软件使用及培训等。学科馆员应帮助用户群体提高数据获取能力，除了图书馆所购买的数据库，还包括很多开放获取的数据。学科馆员应努力培养和增强用户群体的公共资助科学数据开放获取的意识，帮助人们识别和查找科研数据的在线信息库。

（一）图书馆购买资源

在网络信息环境下，图书馆的资源建设工作获得快速发展，纸质版资源在增长的同时，各类引进和自建数字资源也成为重要的组成部分。读者尽管不一定把握各数据库的适用范围、工作界面与使用方法，但各公共纷纷开发了资源发现服务系统，如北京大学图书馆的"未名搜索"、清华大学图书馆的"水木搜索"、浙江大学图书馆的"求是学术搜索"、厦门大学图书馆的"厦大学术搜索"等。

为了让用户能够快速准确地查找到需要的数据信息，需要在元数据管理系统、检索系统、资源调度系统、无缝对接图书馆文献传递系统、数据分析系统等方面提供强大的技术支撑。建立学科资源平台，处理大量的动、静态异构数据，使用新知识的表达方式，增加用户服务体验，是提高图书馆购买资源使用效率的重要方式。

（二）开放获取平台资源

开放获取是指将学术成果在互联网上公开发布供公众免费获取。开放获取是指学术成果的作者或版权所有人授权所有用户可以为合理目的下载、复制、利用、传播作品。自开放获取宣言发布以来，在许多国家和联盟的推动下，在科研机构、图书馆、基金组织和研究者的共同努力下，开放获取已经成为学术界的共识，对降低知识传播成本、推动知识广泛传播、助力学术交流范式演变、增强公众获取知识的权利，对促进学术繁荣和进步起到了有力的推动作用，并正在成为包括我国在内的一些国家的科技政策和国际学术界的共同责任与行为准则。对研究论文的作者而言，学术成果的开放传播有利于提升作者的学术影响力，避免受到出版者或数据库商的传播限制，从而迅速扩大学术成果的传播范围，让专业同行以及社会公众尽早了解自己的学术成果。

CALIS（我国高等教育文献保障体系）牵头实施公共机构知识库建设，在国内外影响力较大的机构知识库有以下几个：

1. 北京大学机构知识库（http://ir.pku.edu.cn/）

北京大学机构库是数字化学术成果长期保存与开放获取服务平台，由图书馆基于DSpace数字资产（Digital assets）管理系统开发。该平台不仅收集根据政策取得的研究论文，也接受北京大学教职员工自愿提交并授权保存和公开的其他学术成果作品，包括期刊论文、会议论文、预印本、书籍、演说报告、技术报告，等等。无论仅有元数据还是附带部分或全部全文数据，凡符合收录条件的作品均可无限期存储于北京大学机构库，并持续提供在全球范围内公开传播所需的信息网络条件。机构库中的作品采用调度Handle数字资源唯一标识符解析系统的永久网址（Persistent URI），无论作品是否已正式发表，均可在学术写作中规范引用。北京大学机构库提供的长期保存和开放获取服务无须作者或访问者为提交、管理、发布、撤回、查询、引用、上传或下载数据支付信息内容服务费用。

北京大学机构库仅保存数字格式的学术成果。研究论文的文件一般应采用PDF、ODF、HTML、Microsoft Word等较为通行的、易于阅读的格式。如果因学术交流所需而提交LaTeX等专业排版软件的原始文件，建议同时提交相应的 PDF 或 HTML 等输出格式的文件，便于一般读者利用。研究论文的相关附件文件可以采用北京大学机构库支持的任何格式，但正文部分不接受单纯的图像、流程图、电子表格、幻灯、视频、音频格式文件或仅使用 PDF、ODF、HTML 等格式简单封装起来的各类图像、视频、音频等非文档类格式。

2. 开放存取期刊目录（https：//doaj.org/）

开放存取期刊目录（DOAJ，Directory of Open Access Journals）是由瑞典隆德（Lund）大学图书馆创建的网站。该网站旨在覆盖所有学科、所有语种的高质量的 9000 种开放存取同行评审刊。

3. OpenDOAR（http：//www.opendoar.org/）

OpenDOAR 是由英国的诺丁汉（Nottingham）大学和瑞典的隆德（Lund）大学图书馆在 OSI、JISC、CURL、SPARC 欧洲部等机构的资助下共同创建的开放存取机构资源库、学科资源库目录检索系统，用户可以通过机构名称、国别、学科主题、资料类型等途径检索和使用这些知识库和开放存取期刊目录（DOAJ）一道构成当前网络免费全文学术资源（期刊论文、会议论文、学位论文、技术报告、专利、学习对象、多媒体、数据集、工作论文、预印本等）检索的主要平台。

4. Socolar OA 资源一站式检索服务平台（http：//www.socolar.com/）

由我国教育图书进出口公司开发，目前为国内最大 OA 资源数据库。该平台几乎涉及各个学科领域。提供文章级检索（篇名、作者、摘要、关键词）、期刊检索（刊名、ISSN、出版社）、期刊浏览等，用户可以直接下载全文。学科涵盖农业和食品科学、艺术和建筑、生物学和生命科学、商学与经济学、化学、地球与环境科学、健康科学、历史和考古、语言和文学、法律和政治学、数学与统计、物理学和天文学、社会科学、工程与技术、图书情报学等领域。

5. 我国科技期刊开放获取平台（http：//www.oaj.cas.cn/）

我国科技期刊开放获取平台（China Open Access Journals，COAJ）由我国科技出版传媒股份有限公司主办、北京中科期刊出版有限公司承办。COAJ 的前身是我国科学院科技期刊开放获取平台（CAS-OAJ），是一个开放获取、学术性、非营利的科技文献资源门户。集中展示、导航我国开放获取科技期刊，强化科技期刊的学术交流功能，提升我国科技期刊的学术影响力，引领我国科技信息的开放获取。

（三）网络免费学术资源

随着网络的飞速发展和网上信息资源的飞速膨胀，网络免费资源也是教学与科研过程中不可或缺的有用工具。但与此同时，对数据的甄别是极其重要的，不仅要重视数据来源，还要关注数据的准确性，包括数据的背景、单位与误差等，同时要了解统计所使用的方法。

1. 国际组织和国家、地区等官方网站

（1）联合国数据中心（http：//www.un.org/zh/databases/）

统计数据包括联合国数据库、联合国商品贸易统计数据库、联合国人口信息网、非洲经济委员会统计数据库、欧洲经济委员会统计数据库、社会指标、千年发展目标指标。另外，还包括正式文件系统和目录数据库、条约、宣言与立法，联合国会员国及其信息，联合国词汇参考系统（UNTERM），条约机构数据库，难民文献数据库，非政府组织，联合国档案与记录管理网站信息等。

在联合国数据库（http：//data.un.org/）中，数据来自30多个国际专业统计数据信息源，包括联合国统计司、人口司、联合国经济与社会问题研究部、粮农组织、教科文组织等；涵盖农业、教育、就业、能源、环境、卫生、犯罪、工业、人口、旅游、贸易等领域主题。

（2）我国政府官方数据

针对不同类型的数据去找寻不同机构的数据，如全国性综合数据可查找国家统计局网站（http：//www.stats，gov.cn/），地方性综合数据可查找各地统计信息网，某领域的数据可查找各部委官方网站。

中华人民共和国国家统计局（http：//www.stats，gov.cn/）是对国民经济、社会发展、科技进步和资源环境等情况进行统计分析、统计预测和统计监测。统计数据包括月度数据、季度数据、年度数据、普查数据、地区数据、部门数据、国际数据等，提供其他政府部门统计数据的链接，同时提供数据查询、数据解读、统计公报、指标解释、统计制度、统计标准等。

2. 学术教育平台网站

（1）学堂在线（http：//www.xuetangx.com/）

学堂在线MOOC平台成为教育部在线教育研究中心研究交流与成果应

用平台，获得清华大学慕课唯一授权，2016年6月6日成为联合国教科文组织国际工程教育中心的在线教育平台，目前已经与西班牙、美国等国家建立战略合作协议，总部位于北京清华科技园。

开课院校主要涉及美国的斯坦福大学、加州大学伯克利分校等，澳大利亚的昆士兰大学，我国的清华大学、复旦大学等多所国内外公共、课程资源全部免费。学科包括计算机、经管会计、创业、电子、工程、生命科学、数学、物理、文学等多个领域。

（2）我国大学MOOC（http://www.icoursel63.org/）

MOOC是Massive Open Online Course（大规模在线开放课程）的缩写，是一种任何人都能免费注册使用的在线教育模式。我国大学MOOC是由网易与高教社携手推出的在线教育平台，承接教育部国家精品开放课程任务，向大众提供我国39所985公共的MOOC课程，有一套类似于线下课程的作业评估体系和考核方式。每门课程定期开课，整个学习过程包括多个环节：观看视频、参与讨论、提交作业，穿插课程的提问和终极考试。课程由各校教务处统一管理运作，公共创建课程指定负责课程的老师，老师制作发布课程，所有老师都必须在高教社爱课程网实名认证过。老师新制作一门MOOC课程需要涉及课程选题、知识点设计、课程拍摄、录制剪辑等，课程发布后老师会参与论坛答疑解惑、批改作业等在线辅导，直到课程结束颁发证书。

（3）Coursera（https://www.coursera.org/）

Coursera最初是由斯坦福大学Daphne Koller和Andrew Ng两位计算机教授为了与全球分享他们的知识和技能而创立的，他们把自己的课程放在网络上，以便于在短期内可以教会更多的学生。2013年与网易达成视频托管协议，在访问速度和播放流畅方面非常好，也是国外在线教育产品中对中文支持最好的产品之一，许多课程都提供中英文字幕。除了"微型专业"和认证的课程证书，其余大多数资源是免费的。课程包括录制的视频讲座、自主升级和同行评议的作业和社区论坛，完成一个课程后，用户就会收到该课程的电子证书。

（4）EdX（https://www.edx.org/）

EdX是麻省理工学院和哈佛大学联手创建的大规模开放在线课堂平台，除了国外课程，也与北京大学、清华大学等国内顶尖公共有联合上线课程，几乎涵盖所有的学科。基本采用"Freemium"模式，只有希望获得课程认证资格证书的用户需要交纳费用外，其余用户均是免费的。

（5）TED（https：//www.ted.com/）

TED是由美国的一家私有非营利机构创办的，最初是邀请杰出人士以技术、娱乐和设计为主题进行18分钟左右的演讲，后来主体越来越宽泛，每年都会通过TED大会等各种项目，邀请各界人士分享他们关于技术、社会、人的思考和探索，其主旨是IDEAS WORTH SPREADING，演讲内容完全免费，国内反响和访问也比较好。

（6）网易公开课（https：//open.163.com/）

网易公开课是一个免费开放的在线学习平台和内容传播平台，致力于全球一流教育、知识的传播。公开课为用户提供哈佛、斯坦福、牛津等全球知名公共、可汗学院、BBC、TED等机构的教育视频、图文信息，内容涵盖人文、教育、社会、艺术、科技、健康、创业、金融等多个领域，用户可根据自身情况选择学习内容。公开课提供在线笔记帮助用户及时收集灵感，用户可以在平台上跟帖，分享与讨论知识，还能使用网站提供纠错、反馈工具完善视频字幕，以帮助有语言障碍或听力障碍的人士获取知识。

网易公开课，已成为全球最优质的国际化在线学习平台之一，以平台模式、产品和内容创新助推全球知识共享与传播。

（7）经管之家（http：//bbs.pinggu.org/）

经管之家，原名为人大经济论坛，由我国人民大学经济学院成立，已经发展成为国内最大的经济、管理、金融、统计类的在线教育和咨询网站，也是国内最活跃和最具影响力的经济类网站。

访问群体遍布公共、行政机关和企事业单位，每日更新文章和资源2000余篇，日均发帖一万左右。拥有国内经济类教育网站最多的关注人数。网站拥有各类教育和教学资源共计30余万个，每日更新文章和各类资源3000多个，涵盖经济、管理、金融、统计等学科，类型包括各类课件、书籍、笔记、案例、报告（含行业分析报告）、数据等。网站提供各类数据包括国内外各种年鉴、调查数据、自整理数据、行业分析报告等。

3.民间权威调查机构网站数据

（1）皮尤研究中心（http://www.pewresearch,org/）

皮尤研究中心（Pew Research Center）是美国一家独立性民调机构，总部位居华盛顿，为影响美国乃至世界的问题、态度与潮流提供信息资料。皮尤研究中心受皮尤慈善信托基金资助，是一个无倾向性的机构：既资助无倾向性项目，也资助倡议性项目。

该研究团体主要致力于全球民调项目、卓越新闻项目、网络与美国生活项目、公共生活论坛、拉美裔中心、全球态度项目、社会与人口趋势项目等，并提供数据分析与研究观点。

（2）我国互联网信息中心（http://www.cnnic.net.cn/）

我国互联网络信息中心（China Internet Network Information Center，简称CNNIC）是管理和服务机构，行使国家互联网络信息中心的职责。负责国家网络基础资源的运行管理和服务，承担国家网络基础资源的技术研发并保障安全，开展互联网发展研究并提供咨询，促进全球互联网开放合作和技术交流。

该网站有关于互联网发展、互联网新闻市场、国家信息化发展、网民网络安全、网民搜索行为、网络购物市场等方面的年度报告供下载，也有半年度的网民数量、手机网民数、网站数、国际出口带宽数、IPv4、域名数等多个基础数据的发布和下载。

（3）艾瑞咨询（http://www.iresearch.com.cn/）

艾瑞咨询致力于网络媒体、电子商务、网络游戏、无线增值等新经济领域，是最早涉及互联网研究的第三方机构，累计发布数千份互联网行业研究报告，为上千家企业提供定制化的研究咨询服务，成为我国互联网企业IPO首选的第三方研究机构；2015年艾瑞咨询在海外建立研究中心。该网站提供大量的数据服务和研究报告，包括行业数据、研究观点等。

二、数据软件与工具培训

技术素质不再是一门专长，而是所有图书馆员的生存技能。在新时期，学科馆员应具有学科专才、情报能力，以及熟练掌握并善于利用相关的软件工具：信息导航工具、信息检索工具、收引分析工具、检索查新工具、文献管理工具、知识发现工具、专利分析工具等。

数据软件培训主要是配合用户需求，到相关院系开设数据分析软件（常见的如 SPSS、ArcGIS、Eviews，Stata 等）、文献管理软件（如 ENDNOTE、RefWorks、Mendeley、Zotero 等）、科研管理软件、商业统计数据库等相关专题讲座、讨论会等，帮助用户主动运用并提高科研效率。

（一）数理统计软件

SPSS、Stata 和 Eview 是计量经济学中比较常用的软件，它们各具特色，有些研究者对其使用有偏好性。

1.SPSS 软件

SPSS 软件最初全称为"社会科学统计软件包"，随着 SPSS 产品服务领域的扩大和服务深度的增加，正式将英文全称更改为"统计产品与服务解决方案"。因其易学易用和专业化的统计分析结果，成为当前世界上应用最为广泛的统计分析软件之一。

SPSS 的统计分析功能特别强大，包括均值比较与检验、方差分析、非参数检验、相关分析、回归分析、对数线性模型、聚类分析、判别分析、因子分析、对应分析、信度分析等常用的专业统计分析功能，主要用于金融、经济、医药卫生、社会科学、工程等学科领域。目前北京大学、清华大学、我国人民大学、复旦大学、武汉大学、浙江大学、上海交通大学等公共图书馆均开设有关 SPSS 软件的培训讲座。

2.Stata 和 Eview

Eviews 是 Econometrics Views 的缩写，通常称为计量经济学软件包。其原始初衷是对社会经济关系与经济活动的数量规律，采用计量经济学方法与技术进行"观察"；Eviews 也是美国 QMS 公司研制的在 Windows 下专门从事数据分析、回归分析和预测的工具。使用 Eviews 可以迅速地从数据中寻找出统计关系，并用得到的关系去预测数据的未来值。其使用范围包括科学实验数据分析与评估、金融分析、宏观经济预测、仿真、销售预测和成本分析等。

Stata 是一款提供数据分析、数据管理及绘制专业图表的统计软件，提供具有直接命令式的语法以及完整的使用手册，包含统计样本建立、解释、模型与语法、文献等超过一万余页的出版品。Stata 的统计功能很强，除了传统的统计分析方法外，还收集了近几十年年发展起来的新方法，如 Cox

比例风险回归、指数与 Weibull 回归、多类结果与有序结果的 logistic 回归、Poisson 回归、负二项回归及广义负二项回归、随机效应模型等。

　　Eviews 的优点是对初学者比较容易，做一般的回归分析和时间序列数据分析是毫无障碍的，但其深入性和编程延展性较差，网上相关的学习资料也比较少。Stata 提供完整的语言和模块编程，编程扩展性很好；同时网上有比较多的学习资料，如 UCLA 的数据研究与教育研究所有很好的学习网站 http://stats,idre.ucla.edu/stata/。

　　（二）文献管理软件

　　文献管理软件是学者或作者用来记录、组织、调阅引用文献的计算机程序。比较常用的文献管理软件包括 EndNote、ZoteroA RefWorks，NoteEx-press 等。

　　ENDNOTE（www.endnote,com）共有两种版本，一种是单机版需要下载软件安装，如需在线检索、通过软件直接获取 PDF 全文或 PDF 批量导入，需要网络条件，其他功能无须上网。该版本只要安装，可以永久使用，可以在线更新，但不能自动升级版本。第二种是网络版，可以在 ISI web of knowledge 平台上注册。两种版本管理文献、协助写作的功能相近，二者之间可以进行文献的双向传输。X5 版本可以把单机版中文献附件传至网络版中。研究人员通过 ENDNOTE，可以轻松地获取科技文献，建立个人文献数据库；对科技文献进行有效的管理和分析，激发科研思路；撰写论文时，采用期刊投稿模板，提高论文写作效率；边写作边引用参考文献，并可一键调整参考文献格式；跨平台无缝整合，同步文献，随时随地获取科技信息。

　　NoteExpress（http://www.reflib.org/）是个国产软件，完全支持中文，自动的搜索、下载、管理文献，可与 Word 关联协助写作。NoteExpress 具有非常丰富的功能和良好的兼容性，不但能帮助读者高效地收集、规范地管理文献资料，而且能在论文写作时自动生成参考文献列表，大幅度提升论文写作质量和效率，特别是在中文文献的收集和利用方面。NoteExpress 属于客户端版，需要读者在个人电脑上安装相应的客户端软件。

　　Refworks（www.refworks.com）联机使用，不受时间地域的限制。数据库存储于服务器上，不占用电脑资源，可以选择性导出所需资源。CSA 数据库平台中有嵌入，可以连接 COS 学者数据库。

（三）可视化工具

比较常见的几种可视化工具有 ECharts、Gephi、Tableau 等；可视化知识图谱软件为 CiteSpace 和 HisCite，主要是分析学科发展动态、学科研究概况、学科发展趋势等。其他软件还包括 GIS。

ECharts 是纯 Javascript 的图表库，可以流畅地运行在 PC 和移动设备上，底层依赖轻量级的 Canvas 类库 ZRender，提供直观、生动、可交互、可高度个性化定制的数据可视化图表，如常规的折线图、柱状图、散点图、饼图、K 线图，用于统计的盒形图，用于地理数据可视化的地图、热力图、线图，用于关系数据可视化的关系图、treemap，多维数据可视化的平行坐标，还有用于 BI 的漏斗图、仪表盘，并且支持图与图之间的混搭。其特性是支持多个坐标系、探索深度的交互式数据、展现大数据量、支持多维数据和丰富的视觉编码首段、动态数据展现等。下载地址：http：//echarts，baidu.com。

Gephi 是一款跨平台基于 JVM 的用于网络分析与可视化的免费开源软件，允许开发者拓展和重复使用，可用作探索性数据分析、链接分析、社交网络分析和生物网络分析等。下载地址为：https：//gephi.org/users/download/。在图书情报领域，比较常用的社会网络分析工具还包括 Ucinet（University of California at Irvine NETwork），两者相比较而言，Ucinet 6 比 Gephi0.7 更适用于数据的运算，因为支持的算法比较多，并且可对矩阵等做出精确计算和分析；Gephi 0.7 比 Ucinet 6 更加具有追踪动态关系的特点，可实时追踪动态关系并形成关系网络图。

CiteSpace 着眼于分析科学分析中蕴含的潜在知识，是在科学计量学、数据可视化背景下逐渐发展起来的引文可视化分析软件。由于通过可视化的手段来呈现科学知识的结构、规律和分布情况，因此也将通过此类方法分析得到的可视化图形称为"科学知识图谱"。可以识别和跟踪研究领域的演变，尽量简易明了地进行可视化展示，跟踪科学研究前沿，了解领域研究全景，揭示领域的发展历程，为科学发现及预测提供可能的参考。

HisCite 是 SCI 的发明人加菲尔德开发的，能够用图示的方式展示某一领域不同文献之间的关系。可以快速绘制一个领域的发展历史，描绘新进展，定位出该领域的重要文献，以及最新的重要文献，快速锁定某个领域内专家，找出"无指定关键词"的重要文献。

GIS（地理信息系统，Geographic Information System 或 Geo-Information system）是在计算机硬、软件支持下，对地理分布数据进行采集、储存、管理、运算、分析、显示和描述的技术系统。其发展结合了地理学、地图学、遥感和计算机科学的相关知识与内容，用于输入、存储、查询、分析和显示地理数据，可以对空间信息进行分析和处理，其独特之处在于将其可视化地理空间和地理分析功能与一般的数据库操作方法集成在一起。

三、科研数据管理与服务

顾名思义，科研数据即在科研过程中产生的数据。在大数据时代，数据驱动的科学研究成为新的知识源。科研数据呈指数式增长和发展，数据的多样化和多元化也为科研数据管理带来了极大的挑战。研究型图书馆应积极利用共享信息和开放数据来发展自己的知识服务，图书馆智慧化学科服务有责任和义务迎接挑战，与研究人员、管理人员和出版机构等进行协同作战，促进本机构为全国乃至全世界的科研数据管理与共享做出贡献。

科研数据管理，就是对科研过程产生的直接或间接数据进行分门别类地整理，包括数据备份、数据验证、文档记录、数据获取控制和安全管理、数据共享等。进行科研数据管理，至少有两个方面的好处：一是梳理研究过程及数据。使得整个项目周期中更容易理解与数据及数据收集相关的细节和过程，也便于随时和未来复制使用。二是保存并分享数据以获得业界的认可。数据收集是研究的基础，体现了科研工作者对项目独一无二的贡献，保存它们意味着此项研究工作将被其他人认可；确保此项科研项目工作能够支持未来的研究，并促进新发现。

（一）科研数据管理与服务的难点

由于科研数据的快速发展，所以需要建立更加有效的管理机制与体制，其复杂性与多样化也为科研数据管理和服务的开展增加了难度。

1.科研数据类型多样化

文本、数字、视频、工具与软件等，不同学科对特征数据的表现方式也大不相同，同时对存储空间和介质、操作系统也有不同的要求。数据更新与访问频率对存储条件有不同的要求，数据的重要性也决定了数据管理的可靠性。

2. 数据的保密性与敏感性

科研数据包括涉密、不涉密和部分涉密等类型，这决定了数据管理安全级别、花费要求有很大的差异。

3. 不同学科或机构的数据处理动机及影响

学术活动产生的数据往往会受到法律、伦理、经济或社会制度等的约束，不同学科文化对数据管理与分享的态度和观点也会影响到科研数据的个体案例管理。分享数据可以扩大影响力，但有可能也会损失部分利益或竞争优势，易于复制和模仿的数据信息反而不愿意进行分享。

这些问题与困难给图书馆的科研数据管理和服务带来了很大的挑战。尽管如此，国内图书馆的科研数据管理与共享服务仍在稳健的发展中，但多数数据平台的建立主要还是依托科研工作者自愿公开的原则，所以可以共享的数据相对较少。

（二）制定、实施科研数据管理计划

一个数据管理计划，有时也称为数据共享计划，概述了研究项目期间和之后研究者将如何处理自己的数据。大多数研究人员会收集一些数据，但往往没有充分和完整的文档记录。有了正确、详细的数据管理计划，许多数据管理问题可以轻松处理和避免，而且从长远来看，也会带来巨大的回报。

图书馆应从校级层面寻求政策支持，制定研究数据管理的流程步骤、遵循的法律法规、各部门机构的职责权利等，对科研数据管理形成统一控制与约束，保障规范化运行。大学图书馆应该在自己的网站上为用户提供在线科研数据管理计划工具，帮助用户创建和共享数据管理计划，以满足更大的需求和作为管理数据的最佳实践。不仅提供详细步骤来指导创建数据管理计划，而且提供模板和示例计划，满足对大学和其他资金来源机构的需求。大学图书馆是该校研究人员寻求数据管理支持和服务的重要连接点，为数据管理、管理、共享和存档提供帮助。

（三）科研数据存档服务

国外多所公共鼓励研究人员将数据共享至不同类型的学术机构知识库，各公共图书馆也建立了自己的学术机构库，免费向全球研究人员提供开放、发布和分享科研数据的服务，为大学或其他机构提供数据出版系统的全部解决方案，并提供数据分析服务，产生正式的数据引用，通过 SPSS 和 ST

ATA分析数据表，帮助学者增加业界认可度，并可下载结果。

国内公共图书馆主要是对校内科研人员的研究成果进行保存，如北京大学机构知识库收集并保存北京大学的教师和科研人员的学术与智力成果，为北京大学的教师，科研人员和学生的学术研究和学术交流提供系列服务，包括存档、管理、发布、检索和开放共享，向全球范围提供免费和永久的访问。存储的作品必须全部或部分由北京大学全体教员、研究人员、职员或学生产生，其中包括：书籍、期刊论文、会议论文、学位论文、研究报告、数据集、学习对象、预印稿、技术报告、演讲介绍、工作文档、图片、录音记录、软件、视频等。北京大学的学者还可以在学者主页上建立自己的学术网站，灵活展现学术成果。

（四）开展数据管理的相关培训

科研数据管理愈来愈显得重要，政府、大学和科研机构制定相关的政策制度，但大多数科研人员对科研数据管理并不熟悉。因此，对科研人员进行科研数据管理的相关理论、知识和技能进行培训与指导，是十分重要的。

科研工作人员在数据管理过程中会出现各种各样的问题，公共图书馆除了使用MSN、QQ、EMAIL、微信、电话进行实时资讯外，还要提供一定数量的培训活动。一般来讲公共图书馆对用户开展的科研数据管理讲座或培训服务，以专题讨论、讲座和在线学习等方式进行。

普适性的数据管理培训活动是为了让科研用户了解科研数据管理的目的、意义、基本途径、一般技能、相关法律政策、计划制定等一般性知识，可以嵌入图书馆开设的信息素养教育中，也可以专题讲座或研讨会的形式开设。学科化数据管理培训即针对某一领域主题，与服务主体所在的院系或实验室进行合作，在软硬件基础设施和人员上进行协同发展，为用户的科研数据培训提供个性化服务。如斯坦福大学图书馆不仅提供数据管理计划工具、相关培训、咨询活动之外，还提供社会科学数据、地理空间数据、病例数据，以及查找和利用州政府、国家和跨国政府数据等。

（五）科研数据管理的道德意识建设

科研数据管理过程中会涉及知识产权、个人隐私、社会敏感话题等问题，学科馆员应加强道德意识建设，严格遵守道德处理与管理科研数据的纪律。公共图书馆也要制定完善的道德规范和相关政策来约束科研数据共享者与使用者的行为方式,将数据的版权、隐私、保密、敏感性等内容进行严格界定,并签订相关协议。

第二节 基于文献信息与数据的学科支撑功能

一、学科支撑服务的作用与意义

学科建设是公共建设与发展的核心与重点方向,是公共进行一系列教学与科研活动的保障。学科建设水平是衡量一所公共办学质量、教学水平、科研能力以及综合竞争力的重要标志。公共图书馆一直都在为该校教学、科研等活动提供文献保障等信息服务。

在大数据时代,推广实施智慧化学科支撑服务,不仅有助于推进图书馆学科服务创新与结构调整,而且有助于加快推进世界一流大学和一流学科的建设。

(一)有助于推进图书馆学科服务创新与调整

自我国大陆公共图书馆在20世纪90年代开始推行学科服务以来,学科服务已经成为公共图书馆进行教学与科研服务的重要支撑和主要内容,学者对公共图书馆学科服务发展的研究也愈来愈发深入。随着外部环境的剧烈变化,公共图书馆把学科服务创新看作是深化用户服务、应对研究型图书馆面临的挑战和加快公共图书馆转型发展的重要方式。

同时,在现实实践中,许多公共图书馆的学科服务还略显不足,具体表现如下。

1.学科服务受重视程度不高

学科服务是近些年来公共图书馆的重点建设方向。但是,尽管有些公共图书馆开展了学科服务,但作为公共的教辅部门,在内部的地位并不高,向师生提供服务得不到学校管理与决策部门应有的重视,话语权与院系或职能部门相比相差较大,导致能够争取或得到的资源与经费有限,开展学科服务的深度与广度不足。

2.学科服务主动性不够

受传统观念影响,图书馆是学校的附属机构,其服务人群为在校师生和科研人员。大部分公共图书馆的服务主要针对校内用户,仅有部分公共,对社会用户提供学科化服务或者在服务社会用户时采取被动服务模式,坐等用户上门;抑或为了优先满足本校用户服务,拒绝部分社会用户服务,缺乏或不鼓励主动开拓与服务的精神,使得社会用户不了解公共图书馆所能提供的学科服务。

3.学科服务内容单一

公共图书馆所提供的学科服务,基本上属于基础服务,集中在查新、查收查引、资源推荐、用户培训等浅层次服务上,这些服务在一定程度上满足了部分用户的需求。随着"双一流"方案的提出,这种层次的学科服务开展深度不够,创新点不多,还不能完全满足"双一流"建设的要求。

(二)有助于加快推进学校一流学科建设

作为公共科研、教学重要支撑的信息基地,公共图书馆应抓住机遇,努力拓展学科服务内容,做好学科支撑使其在建设一流大学与一流学科中起到更为关键的作用。

公共图书馆定位的变化使得学科服务需求也随之变化,公共图书馆的服务对象由向传统读者——在校师生提供日常服务,逐渐转变为向科研人员、决策部门提供精准服务。公共图书馆定位与服务对象的改变不应仅仅是文字上的变化,更应体现在服务"内核"上。知识产权服务、科研全程服务、知识资产管理等深层次学科服务势必成为公共图书馆学科服务的又一发展方向。

二、大数据时代学科支撑服务的主要内容

在大数据时代,基于文献信息与数据的学科支持服务主要包括学科服务平台(或门户)建设、嵌入式课堂教学、知识产权服务、科研全程指导、知识资产管理等内容。

(一)学科服务平台(或门户)建设

学科信息门户针对某个特定学科,或者跨学科、交叉学科领域,为该学科建立学术信息门户,整合该领域的文献资源(期刊、图书、数据、会议)、研究热点、动态资讯、研究机构和自有学术成果等信息,以及学科态势分析报告、资源推荐、科研学术评价等服务,为学科提供一站式的学术内容服务。学科信息门户对 Internet 信息资源进行了更有针对性、更深入地,通过专业的信息检索、个性化定制和开放式集成,保证用户获得高质量的资源和一站式的检索。借助学科和科研服务平台（或门户）与指南，为师生提供直观的服务指导，架设沟通/服务桥梁，不仅可以减轻学科馆员的负担，而且可以提高数字图书馆的服务质量与效率。

哈佛大学、华盛顿大学、英属哥伦比亚大学等众多国外公共图书馆都将学科指南、课程指南等放置在图书馆网站上，方便师生方便快捷地查找到所需要的期刊、图书、数据及其他类型的资源。而目前国内公共图书馆在这方面的工作相对不够充分，主要是将购置的数据库和电子期刊进行了简单的学科归类，对于刚入学的学生来说要找到最想要的资料存在一定的困难。如果能够从学科角度将图书馆的所有资源进行分门别类的整理，可以提高所购资源的利用效率，借助网络工具快速建立师生与图书馆的便捷沟通渠道。

以北京大学海洋学术信息门户（http://113,204,229,26:8094/index.html）为例，该门户涵盖了海洋学领域的学术资源（包括期刊、图书、数据、会议）、研究热点追踪（包括热点论文、最新图书、热点资讯）、学科发展报告（包括学科前沿态势分析报告、海洋研究顶尖机构分析等）、学术成果（即北京大学海洋研究员发表的学术成果及影响力）四大板块。北京大学还将陆续发布数学学术信息门户、教育学信息门户、考古文博学术信息门户、信息管理学信息门户、经济与管理学信息门户等。

（二）嵌入式课堂教学

学科馆员以课程为主要服务方式，提供信息素养教育课程，促进用户通过课件学习、课堂研讨等方式全面提高自己的信息素养技能。与专业老师进行合作，将信息素养培训内容嵌入课堂教学，通过"课堂教学信息指导"和"嵌入课程教学"等方式，针对性地提供信息素质教育，更好地满足专业学习课程的信息资源与服务需求。

学科馆员根据专业与课程需要，集成图书馆的数据库、藏书、学位论文、软件工具、学位论文、图像视频等信息资源，制作学科（或课程）研究指南，帮助学生解决常见的文献信息问题，培养学生优先登陆指南和查询学术资源导航来获取答案与服务支持的能力。借助虚拟学习环境，提供注册课程、获取课程学习资源、课程考试、与教师和其他学生互动交流等内容，延伸教学空间与交流空间，培养学生终生学习的能力。

针对大数据时代的海量学术资源，如何进行快速筛选与使用这些资源？

让学生系统了解和较为熟练地掌握各类数据库、电子期刊、电子图书、报纸、多媒体数据库的检索、浏览和使用方法，目的就是为了让学生充分掌握在网上查找知识并应用、管理知识的技能。内容包括数字信息资源及其检索概述、西文参考数据库、中文参考数据库、全文数据库与全文服务、多媒体学术资源、电子期刊和报纸、电子图书、事实和数值型数据库、特种文献资源、数据素养与数据处理、文献内容管理与学术规范、数字信息资源的综合利用等。

（三）知识产权服务

知识产权服务有助于促进科研创新能力的提高，促进科研成果转化。知识产权服务主要包括：提升科研用户知识产权保护意识、专利文献检索、专利信息情报分析、评估机构研发投入产出和未来研发趋势等。自主知识产权的产出或拥有状况，包括高水平论文的产出、专利特别是发明专利的产出和持有，在一定程度上体现了公共的科技创新能力。从整体上看，公共科技创新工作是国家科技创新体系的重要组成部分，公共专利工作也是国家专利战略体系的重要组成部分。随着公共科研能力的提升，公共承担国家各类科技计划、科学基金的能力不断增强，同时积极参与行业、企业的技术创新活动，承担了相当多的产学研合作项目，极大地提高了公共科技创新能力。公共科研人员在开展各类科技创新活动的同时，对知识产权的保护意识也逐步增强，其重要表现是公共形成并拥有的自主知识产权总数大大增加。

围绕科研成果是否可获得法律保护、通过何种法律保护、如何被授权保护、自己的技术是否侵权或被侵权等方面，普及基本知识产权服务，提高用户知识产权的保护意识。提供诸如"如何检索和获取专利文献""我国专利信息资源""世界各国专利文献检索"等方面的咨询服务，以及TDA、CiteSpace等专利分析工具的培训服务，提升用户利用专利文献的能力。利用机构的R&D投入、专利实施率等指标，借助SWOT分析、评估科研机构的投入产出。利用专利增长率、技术领域的机构专利比率、当前影响指数、机构间专利指标的横向对比等，评估机构未来的研发趋势。

以北京大学图书馆为例，依托Innography等专利数据库及数据库自带的数据分析工具，对北京大学及其相关直属、附属教学、科研机构的现有专利数量、高强度专利数量、专利热点、专利转化情况等方面进行了文本聚类分析、引用竞争力分析和被引竞争力分析，并对比同类型、同级别公共的相关情况，了解北京大学拥有的专利情况以及在公共范围内的竞争力水平，同时明确专利产出方面存在的问题，为促进北京大学自主创新工作的可持续发展提供参考依据。

（四）科研全程服务

在科研项目立项阶段，在充分了解科研项、目技术要点的基础上，学科馆员可根据用户需求，对相关数据库及网络资源进行检索，分析国内外研究进展，并对项目相关技术的发展趋势进行预测，得出项目在必要性、创新性和前瞻性等方面的结论，提供分析报告。

在项目实施阶段，学科馆员应加强与科研人员合作，提供相关文献的跟踪检索结果，以便于对项目的研究方向、技术路线进行调整完善；提醒用户对新生成知识产权的保护，提供研究科研成果的最佳保护方案。

在科研项目结题及成果转化阶段，科研成果转化是学科馆员服务的重点和难点。首先，学科馆员可为项目成果搭建宣传和推广平台，发挥网络作用，向国内外政府、公共和企业宣传科研成果；其次，学科馆员可通过搜索技术需求信息、利用数据库调研下游企业等方式，主动为项目组提供潜在合作者和知识产权受让人的信息。

针对研究生开题阶段，读者对图书馆资源相对还比较陌生，对文献查找方法也很有些茫然。对于该类型的读者，要提供专门的培训讲座，既包括如北京大学图书馆开设的一小时讲座，即图书馆各类数据库介绍、未名学术搜索使用技巧、学术规范与论文写作、数据素养与统计数据资源介绍、常用软件入门等普适性讲座，也提供诸如各学科文献检索方法与技巧等更具学科针对性的讲座。

（五）知识资产管理

知识资产即某机构或实业主体拥有或控制的、不具备实业业态，但对生产、生活服务具有长期影响作用并带来经济效益的知识。知识资产管理，是通过人员、流程与技术的协同，实现业务绩效突破性进展的管理新分支，核心是对变化、不确定性和复杂性的管理。当面临日益增长的非连续性环境变化时，知识资产管理是针对组织适应性、生存与竞争能力采取的保护性措施，以知识创新为直接目标，以企业或机构、主体在变化的环境中求得生存与发展为最终目标。在其中，人是知识管理的核心，信息技术是工具，知识创新是直接目标和实现途径。

公共图书馆是公共文献信息中心，主要以收集整理各类文献信息资料，为全校师生开展教学与科研活动提供高质量的知识与信息服务，属于微观层面的知识管理。在大数据时代，公共图书馆利用信息时代信息技术手段，对公共的科研教学工作的知识产出进行收集、整理、组织和保存，形成各种类型的知识库，即为公共图书馆知识资产管理。开展知识资产管理，有助于发展公共图书馆在学校一流学科建设与发展中的作用与影响，也有助于满足协同创新中心的服务需求。将知识资产管理融入图书馆服务，还要推进基于知识资产管理的图书馆学科馆员服务模式的建立，包括完善学科馆员服务制度，将学科馆员定位为学科信息资源资产管理者；加强选拔和培养高层次的学科馆员人才，加强学科馆员服务宣传与推广；坚持学科馆员服务的主动性、个性化和深层次性。

机构知识库是机构知识管理的重要组成部分，尽管其产生的初始原因是对开放获取行动的响应，但仍有许多学者将其目标定位为机构知识管理。机构知识库在促进我国科学院全院研究所开展机构知识管理，科研成果的保存、传播和共享等方面取得了显著成效。北京大学、清华大学等不仅构建机构知识库，还建立了学者主页等平台，用来收集和整理本校科研工作人员的科研成果。

同时，在大数据时代，公共图书馆不仅要跳出信息资源建设（或数字文献保障体系建设）的限制和局限，支持对公共学科创新需要的技术、经济、社会方面的信息发现、组织与再利用，构建集成化知识及其探索模型；而且要通过科研知识的过程建模、信息感知与数据获取、数据分析与整理保存、知识平台等方式，建立科学、系统的综合科研知识服务管理系统。

第六章 大数据时代智慧图书馆知识服务

第一节 智慧图书馆知识服务理论

一、智慧图书馆知识服务的目标

智慧图书馆知识服务延伸要从过去的资源驱动型，向服务主导型转变。具体表现在为：资源建设上，从以图书馆为中心的资源拥有向以用户需求为导向的资源获取上转变。在资源形态上，表现在从以纸质资源为主向纸电（纸质和电子）资源合理搭配、空间资源再造和人力资源再造上转变。服务内容上，从简单提供文献和数据向提供信息、知识和智慧的服务转变，从单一的文献提供向立体式的创客空间、学习平台提供的转变，从整册文献的借阅服务向碎片化知识的获取转变。智慧图书馆知识服务延伸涉及的过程从保存和提供研究成果扩大到提供信息、参与分析研究过程的转变。智慧图书馆知识服务延伸功能从以文献提供为主的服务向以信息输送、数据挖掘、空间再造、知识发现、智慧服务功能为主的"以人为本"的服务功能转变。因此缩小用户个性化、多层次的知识需求、感知体验与实际使用状况之间的差距，即智慧图书馆知识服务延伸的目的，需分别升级优化智慧图书馆知识服务的互联情境、资源情境和服务情境的易用性、有用性、激励性等功能，实现从平台技术、资源内容、服务程度的关注跃迁到对用户的关注。总之，智慧图书馆知识服务延伸的最终目标是提高智慧图书馆知识服务能力和水平，满足用户日益丰富的多样化、个性化需求。具体来说，智慧图书馆知识服务延伸是利用物联网技术实现资源的数据化，应用元数据收割，建立数据仓库；在数据互联的基础上进行大数据的存储与计算，形成第一手可靠的信息资源；在信息采集的基础上，对资源进行重组，通过资源再造，建立知识库体系，实现信息的知识化；在情境感知的基础上，构建精准化服务平台，提供个性化的知识服务产品，实现知识的智慧化，并最终利用大数据分析工具，进行机器学习，挖掘用户偏好，推荐个性化知识产品，实现精准化服务。

互联情境是智慧图书馆知识服务情境功能的技术保障，互联情境的无障碍化联通与普及取决于物联网的支持性情境技术及知识服务平台的易用性与受众感知。资源情境是智慧图书馆知识服务的物质基础，为提高资源内容质量而进行的资源重组及资源再造关系着用户知识挖掘、知识联想、知识利用与知识创造等活动的顺利开展做贡献。特别是人力资源又成为智慧图书馆知识服务延伸的第一资源，是应用新兴技术于知识服务过程中并进行资源再造、知识创造和智慧服务的关键所在。服务情境是在技术互联情境与资源情境联合作用下联通智慧图书馆知识服务场域各要素的融合，服务个性化和精准化适配激励功能体现智慧图书馆知识服务的最终绩效。互联情境、资源情境和服务情境在智慧图书馆知识服务延伸机制中交叉融合与相互作用，共同影响并决定着知识服务水平及用户的感知体验与满意度。

综上所述，在新的技术环境下，以关注用户的需求为导向，具体实现以下几个方面的目标。

（一）关注平台与技术升级

平台与技术升级就是要对用户需求变化及体验感知完全实现无障碍互联且以提高用户的感知易用性为目标。在互联情境构建中，着力提升智慧图书馆知识服务平台对不同类型互联终端、不同地理空间环境、不同区域时段的交互支持力度，以满足不同类型和不同层次用户在任何时间、任何地点的信息交互需求，提升互联场景的易用性功能。设备的易用性指的是用户在使用知识服务平台时感知的易操作性以及平台的兼容性、流畅性、反应速度以及安全性等，各种互联设备的操作界面设计更加符合人性化要求，感知易用和美观并符合用户的使用习惯，保证服务平台支持系统的可维护、可拓展和可修复性，提升知识服务多平台的数据切换与共享以及保障资源组织的科学合理。

（二）关注资源建设质量实现资源再造

资源质量的保障主要通过对资源采购与组织活动进行监管，实现资源内容的精细化重组与语义化情境再造，从而提高资源利用过程中用户的感知有用性与针对性。资源情境构建中，既要保证智慧图书馆知识服务应运中资源的更新速度，以满足用户前沿的信息需求；又要保证信息资源的专业化水准、内容的契合程度，以满足用户精准的信息需求。在资源再造情境构建中，要通过语义化情境再造完成以资源内容的精细化重组，保障用户信息获取的标准化、知识化和可视性，有必要促进平台信息描述、符号价值和意义的统一，确保信息表达与组织的结构性、系统性、直观性、多维性与融合性。

（三）关注人力资源的培养、开发与利用

专业馆员服务能力和要求的转变，应该以其职能的转换升级为导向，以馆员能力培养为依托。在智慧图书馆知识服务中馆员的能力至关重要，起着首要作用。馆员能力不仅可以满足服务对象的潜在需求，协调馆员与用户之间的关系，提高管理水平，而且主导着图书馆服务的广度与深度，因此加强专业馆员人才的培养就显得尤为迫切。知识服务馆员能力要求逐步从简单到复杂，从单学科到多学科，从数据、信息服务到知识、智慧服务，所要求的专业技术水平不断提高，知识服务所要求的专业馆员朝着专业化、集成化、学科化和技术化方向发展。因此提出具有竞争激励机制的制度安排和符合实际的培养方案，是图书馆知识服务迈向成功的保障。

（四）关注服务激励与适配性

服务的激励是指通过服务资源情境的优化、互联情境的升级吸引和带动知识服务主客体以更加热情的态度投入智慧图书馆知识服务的实践中去，从而完善和发展知识服务的内容和功能。为此，要从两个方面着手：一方面，应扩大知识服务的柔性机制，为用户着想减少其时间、精力投入，使其以最小成本便利快捷地获取信息，保证服务过程的流畅性、友好性与安全性，以实现服务流程的标准化；另一方面，服务过程应能够根据用户个性情境进行"私人定制"，平台发布信息的数量应考虑用户的接受能力以使用户的信息诉求得到快速的响应，也就是要提供服务情境的个性化，根据协同创造的要求在知识创造、协同利用、共建共享中保证服务的舒畅与融合，最终实现各服务功能与服务情境内容的个性化。

二、智慧图书馆知识服务的原则

智慧图书馆知识服务的受体是用户，以用户的需求为导向是图书馆知识服务的根本原则，因此一切知识服务活动都应该围绕提高用户的满意度和改善其感知体验进行，这也是提高智慧图书馆知识服务延伸质量的关键。具体应遵循以下设计原则。

（一）用户需求导向原则

这是智慧图书馆知识服务延伸的根本原则。用户是智慧图书馆知识服务的受体（或对象），是智慧图书馆知识服务的接受者、体验者和评价者，是智慧图书馆开展知识服务活动的内在动力来源。所谓用户需求导向原则就是要以用户为中心，想用户之所想，挖掘开发其需求，尽图书馆的能力解决用户的现实问题，此外还应该充分发挥用户的能动性，促使其参与到智慧图书馆知识服务中来，配合图书馆资源情境建构与服务平台的推广应用，对服务绩效进行反馈与改良建议等。总之知识服务延伸一定要调动用户对智慧图书馆知识服务参与的主动性和积极性，激发用户的持续使用意愿。

（二）包容性原则

智慧图书馆知识服务是新兴事物，在服务流程尚未标准化以前出现这样或那样的问题都是难免的，因此需要各方都有一种包容性的态度，允许出现部分不完善甚至错误，只要是出于对用户知识服务负责的态度，抱着解决问题发展服务的心思意念，任何的出错都是可以谅解消除的。

（三）互联情境的易用性原则

智慧图书馆知识服务所依赖的技术情境也是不断发展构建的，用户对智慧图书馆知识服务平台的利用不再局限于一家图书馆或一个平台等物理空间，而是实现突破时空限制的泛在层面的利用，是期待智慧图书馆知识服务应用能更人性化和便捷化，突破时间、地域空间、物理设备支持的局限，可以随时随地实现跨平台与多情境的信息资源共享、协同创造与开发，因此智慧图书馆知识服务应努力提高互联情境的易用性。

（四）资源重组与资源再造的有用性原则

提高信息资源的利用率，发挥资源情境功能在知识服务中的作用，这是提高智慧图书馆知识服务绩效、降低服务成本的重要手段，也是智慧图书馆知识服务得以顺利开展的重要途径。图书馆各种资源既是智慧图书馆知识服务开展的根基，也是智慧图书馆知识服务成效实现的依据。智慧图书馆知识服务资源情境建设与资源再造升级是否成功，关键看其利用率与有用性功能的发挥，这是衡量智慧图书馆知识服务绩效的重要内容，用户在资源情境中的获得与感知体验取决于资源建设情境的权威性、准确性、专业性、新颖性和时效性，以及资源再造情境后碎片化重组的关联性和语义化知识的专业性，使资源情境中的信息或再造资源更具知识性、专业性、智慧性及可视化。

（五）服务的适配性原则

服务适配可以激发用户持续使用的兴趣，也是智慧图书馆知识服务流程标准化和情境内容个性化、精准化的发展方向，是实现智慧图书馆知识服务绩效的重要保障，体现在知识服务整个过程的及时性、适量性、针对性、协调性、适应性和有效性，其总体适配程度是衡量和影响智慧图书馆知识服务绩效的关键性因素。

（六）情境功能的拓展性原则

知识服务过程中的信息交互是智慧图书馆知识服务延伸的必要程序，信息交互行为可以减少知识服务过程中的磨合与无序行为、增强服务的愉悦性与自适应匹配功能，促进用户在智慧图书馆知识服务情境中的良好感知生成。因此，从互联情境、资源情境到服务情境进行交互拓展性功能设计，可以提升智慧图书馆知识服务延伸的丰富性和可能性。互联情境要以易用性、便捷性和可用性为重点进行服务平台设计，资源情境要以有用性、专题性为重点进行内容甄别、筛选，实现情境再造与整合，服务情境则要以激励性为重点，实现服务流程的标准化和情境内容的个性化配置。

第二节 智慧图书馆知识服务框架

一、智慧图书馆知识服务延伸动力反馈机制

智慧图书馆知识服务延伸本身是一个综合系统，是一个由多要素相互协同作用而成的综合体系，在物与物互联的知识服务平台中用户群体、服务主体、信息资源、服务内容共同构成了智慧图书馆知识服务延伸系统的主要内容。用户的信息获取与利用行为通过对知识服务平台的易用感知、对资源情境的有用性感知及服务的激励感知影响着用户的行为意向并强化接下来的持续行为，互联情境、资源情境和服务情境的功能质量在用户的知识服务中发挥着直接的作用，并通过正向或负向的作用机制反馈到知识服务延伸体系中来，智慧图书馆知识服务延伸质量的提升需要各情境功能的构建、完善、

变革与协调。

　　智慧图书馆知识服务延伸的动力反馈机制主要由输入、输出系统、交互和反馈系统四部分构成。具体传导机制的作用过程如下：①输入系统是以用户的个性化信息需求为导入口，建立与用户期望为导向的服务情境的设计与功能实现。这个过程主要依据用户是由对互联情境、资源情境和服务情境的具体要求设计知识服务的各项功能，这是智慧图书馆知识服务延伸的目标。②输出部分是以用户满意度为最高衡量标准，是用户对互联情境的易用性功能、资源情境的有用性及服务情境的激励性功能的整体反馈，是知识服务绩效的评价结果，也是智慧图书馆知识服务延伸绩效与用户期望比较后的评价的重点内容。③交互过程是在智慧图书馆营造的知识服务情境下与用户心理、认知和行为等反复感知、体验、修正和融合适应过程，用户在此阶段逐渐形成对平台设备情境、资源情境建设与重构及服务流程标准化和情境多样化、个性化程度的感知，产生对知识服务各环节与整体印象的不同感知，这一部分是衡量智慧图书馆知识服务延伸绩效的主要因素。④反馈环节是经用户的感知体验后产生的反应及对知识服务行为的影响，如果智慧图书馆知识服务各类情境因素及功能对用户的感知有激励的作用，并对其行为产生正向的影响，就会促使用户产生继续利用智慧图书馆知识服务平台的意愿，从而达到用户对智慧图书馆知识服务行为肯定与认可的效果，还有可能会提供积极的正向的意见或建议。反之则产生负向的阻碍作用，会影响整个知识服务的行为发挥与绩效提升，用户就会产生对智慧图书馆知识服务的否定甚至抵触，这环节的正负作用正是指导智慧图书馆知识服务延伸改进与优化的关键。

　　智慧图书馆知识服务各情境的构建与作用过程是由多种力量共同作用相互协调的结果。各情境要素功能在这样一个协同作用的综合体中共同推动着智慧图书馆知识服务延伸。首先作为输入方式的最初内在的动力来源，用户的个性化需求最直接内生地影响着智慧图书馆知识服务延伸，而图书馆供给侧所提供的互联设备、资源与服务则作为图书馆知识服务供给方是智慧图书馆知识服务延伸的外在动力。用户的感知与体验是用户在知识服务平台中直接与知识服务互联情境、资源情境和服务情境进行融合而产生的反馈结果。由用户体验与感知的结果传导机制会产生正负作用的意愿传导机制和正负作用的评价传导机制。前种机制可能修正用户的个性化需求和使用意愿，后种评价机制则会产生正负两种激励作用，从而影响或改变用户的持续使用行为。其中用户体验与感知中的建设性主观认知和正当的反馈在情境交互中发挥着促进和推动作用，而主观认知偏差或不当反馈会对交互功能产生阻滞作用。用户体验与感知中的内作用力主要由信息资源自有属性决定的，资源情境中信息资源对每位用户的特征属性和价值大小是决定其知识服务质量的关键因素，在知识服务过程中发挥着导向作用。资源情境属性、利用率及发挥其内容价值最大化是知识服务延伸质量提升的主要力量，也将决定知识服务延伸方向与水平的根本所在。用户体验与感知中的外作用力在知识服务中起着基础性作用，并由互联情境因素和用户个体信息等构成，互联情境中有关平台的设备情境以及服务所依靠的技术水平是知识服务质量的基础性条件，在知识服务功能提升中发挥着支撑作用。以资源为基础，知识服务平台、互联设备和服务情境相互作用分别对应着知识服务平台的易用性、技术设备的易用性以及情境功能的激励性、适配性。因此，对智慧图书馆知识服务延伸的必须从资源情境建构入手，通过资源再造优化整个知识服务延伸的内在动力。技术水平也是知识服务情境功能发挥的基础，用户的认知能力、知识结构和情感动机等也通过知识服务交互过程对平台易用性、信息资源有用性、服务情境激励性等功能产生影响并决定着知识服务延伸的质量，知识服务绩效也反过来影响着用户的主观认知与后续行为，因此，需将互联情境、服务情境的改善优化考虑在智慧图书馆的知识服务延伸范围内。总之，智慧图书馆知识服务生态系统延伸服务离不开起决定力量作用的内动力和基础支撑作用的外动力，内外动力共同推动延伸服务的演化，同时内外动力也彼此之间也相互制约牵引，外在动力基础性条件的升级有助于延伸服务的衍生功能生成，提升服务的情境感知和用户体验满意度。内部和外部作用力作为影响智慧图书馆的双生且共生互助力量，彼此之间的匹配、协调、融合、互优是升华知识服务情境的关键，将有益于提升服务的整体感和功能全面感知性。

二、智慧图书馆知识服务延伸优化路径

在智慧图书馆知识服务延伸的动力反馈机制分析的基础上，将对互联情境的易用性、资源情境的有用性和服务情境的激励性功能进行延伸路径的探讨。

（一）互联情境易用性延伸优化路径

互联、智能化特征是智慧图书馆的基本特征之一，而这个基本特征来源于智慧图书馆知识服务平台建设的互联情境的易用性。围绕着智慧图书馆知识服务场域空间的时空利用限度、平台技术支持度、终端兼容性、设备易用性等影响互联情境的易用性因素，智慧图书馆知识服务情境交互易用性功能的提升可以分别从技术手段（物联网技术、云存储、云计算、人工智能等）提升路径和物理设备（平台、空间、物联网设备等）的改进路径进行。

智慧图书馆知识服务延伸易用性的提升可以从技术手段的易用性和物理设备的易用性开始，逐步细化到子级指标，从而可以促进不同情境功能的优化，达到总体上优化智慧图书馆知识服务互联情境的易用性功能。延伸路径从以下两个方面入手：①智慧图书馆知识服务的平台建设与内容创新离不开新技术与新方法的支撑。通过物联网技术使用户端延伸和扩展到了任何物品与物品之间，进行信息交换和通讯，提升用户位置感知度和时间灵活度，以实现智能化识别、定位、追踪、监控和管理，为用户提供全方位感官的智能化融合，增强互联情境的便捷可用、易用性功能。合理运用智慧图书馆MVS知识服务平台架构、云存储、大数据和云计算等技术实现由互联客户端、WAP站点、RSS源、微信公众号平台、官方微博、App等智慧图书馆知识服务交互平台的数据共享、交换和系统集成，延伸了互联情境的易用性功能。②为了减少时空限制和空间再造，知识服务平台在及时、灵敏地捕捉用户的空间位置时可借助红外感应器、全球定位系统、射频识别（RFID）、激光扫描器等信息传感设备，增加系统粘附性和交互性以及用户角色互换等，获取用户实时状态。以Android和iOS等系统的知识服务互联设备，其情境的拓展性和易用性在开发权限下得以实现文字、图片和控件弹性等形式的资源的顺畅交换，增强便捷性，延伸了物理设备的易用性功能。

（二）资源情境功能有用性延伸优化路径

资源情境功能的有用性是智慧图书馆知识服务延伸的基本要求。在智慧图书馆知识服务中，如果资源利用率低说明用户的使用意愿低，会负面影响用户的满意度，也会严重阻碍智慧图书馆知识服务工作的开展与推进。因此要重视智慧图书馆知识服务资源建设、资源再造有用性功能的延伸。资源建设的有用性体现在资源的特色、新颖、可靠和全面上，这些要求应该从信息资源的采购上加强监管，要更新速度并保障第一手资料的客观性和真实性，在信息客观性上进行资源建设，从而在资源建设有用性功能延伸路径上达到智慧图书馆知识服务延伸的目标。资源再造或重组的有用性以元数据化、语义化、情境化和知识化为衡量标准，建立这些标准可以从语义化信息描述、聚类、整合、关联、归拢和可视化技术的应用方面进行功能延伸路径地设计。

  为了保障智慧图书馆资源情境的有用性功能，从资源建设有用性和资源再造（重组）有用性优化升级资源情境的有用性功能。智慧图书馆资源情境的延伸路径如下：①资源建设情境有用性功能延伸路径。用户对智慧图书馆知识服务使用意愿和兴趣受到资源内容的全面性和新颖性的影响，智慧图书馆应及时更新资源、丰富扩充资源库、增加投入等手段提高自身的全面性、凝聚力、新颖性、吸引力、粘性，便于用户掌握前沿动态。智慧图书馆还需从客观角度保障资源的权威性、可靠性、准确性和特色程度等客观性，为了资源内容的客观性，应严谨把关第一手资料并甄别、考证、评估其来源和内容，保证质量和专业需求一致性。另外，通过建立专题库、机构库等知识库来形成每所智慧图书馆独有的资源特色以提高智慧图书馆知识服务交互信息的特色、准确程度和有用性。②资源再造（重组）情境有用性功能的延伸路径。用户信息检索、数据分析、知识利用和个性化推荐离不开资源再造，资源再造的内容精细化重组涵盖了元数据化归拢和语义关联，以及为了信息知识化和可视化建立情景化资源库。可以通过可视化归拢、聚类算法进行资源内容的整合加工保证资源内容精细化、个性化重组的标准程度，通过信息关联与语义强化发现信息资源的知识价值属性，通过对资源内容精细化重组的可视化以提升资源利用的有用性，从而实现资源情境服务功能的延伸。

  （三）服务情境激励性延伸优化路径

  知识服务平台能及时捕获特定情境用户需求并推送合理的资源内容，支持智慧图书馆实现多元化、层次化、个性化和精准化的服务目标，在实现目标的过程中存在着人机交互服务情境的适配性和激励性设计。智慧图书馆知识服务情境的适配性和激励性表现为：①服务流程标准化适配和激励，体现为稳定性、标准性、可移植性、可整合性等；②服务内容个性化适配和激励，体现为适时适量性、友好性、便捷性、有效性、安全性、适应性等。因此，从服务流程标准化和服务内容个性化角度优化智慧图书馆的延伸路径。

从整体上服务流程标准化和服务内容个性化操作层面提升智慧图书馆适应不同情境交互服务的适配性和激励性功能。具体路径如下：①服务流程标准化适配、激励的延伸路径。智慧图书馆服务情境的流程标准化适配是基于服务平台系统的技术和服务流程因素提出的，关注的是服务流程是否标准和规范、服务平台是否稳定、安全与友好，服务是否支持模块化移植以及平台是否支持数据资源的整合等等。在服务过程中，智慧图书馆服务平台的可拓展性和可优化性融入了人性化和以人为本的设计理念，减少用户投入的时间精力，系统平台在服务内容、水平和层次上满足用户自由调度和使用资源内容并及时更新采购等；在系统设计中，智慧图书馆还应具备容错性。因为即使是在规范流程的指导下，用户出错也是不可避免的。容错性的设计可以防止系统因用户操作出错而不反馈、死机和崩溃等现象，在错误产生时，可以减少错误带来的损失并允许用户返回到最近的正确步骤继续操作，使系统保持稳定；在资源整合中，智慧图书馆数据资源的急速增量性，需要组织资源，实施数据挖掘、聚类融合从而发现知识，提高服务系统的可整合能力。②个性化适配的延伸路径。个性化适配是指智慧图书馆向用户提供的服务内容与用户个体需求相适配，表现为界面的友好性、交互的可操作性、服务内容的适时适量与多样性。在满足个性化需求并激励用户持续使用服务方面，个性化适配起到了正向激励作用，其纪律性增强了用户黏性。智慧图书馆知识服务延伸应实现服务的适时适量性能、协调共创性能、适用性能、有效性能等。适时适量性能是指智慧图书馆具备及时合理地满足用户个性化需求的能力，推荐符合用户偏好的知识服务；协调共创性能是指智慧图书馆允许用户共享与利用信息，在交互区域进行知识交流和协作，促进知识发现等；适用性能是指智慧图书馆为了迎合用户不断变化的需求，服务系统应具备升级自身的应用能力和扩展能力，适应用户和环境的变化；有效性能是智慧图书馆为了减小用户期望和实际感知的差距采取了智慧推荐服务，通过追踪捕获用户的行为偏好和习惯喜好的数据，依据数据分析结果，智慧地推送预测信息，提高用户信息获取的有效性。

第三节 智慧图书馆知识服务过程

一、图书馆与读者之间的共同心智

当读者来到图书馆使用计算机查阅资料的时候，图书馆就会利用智能技术提取到该读者所查阅资料的历史记录，通过历史记录分析读者的查阅习惯、喜好、擅长的领域等，做到与读者达成共同心智。达成共同心智后，图书馆就会根据每个读者的情况为读者提供不同的个性化智慧服务。

比如，读者为了寻求某种知识（这种知识还需某种知识的铺垫才能完全了解，而读者自己不知道）来到了图书馆，当图书馆捕捉到读者查询这一知识时，就应当做出适时的反应，罗列出了解该知识所需的一切资料，包括知识铺垫的资料。这样，当读者查询时就会很清楚自己该做什么，该从哪一方面入手，这种做法无疑方便了读者，也会让读者感到图书馆智慧服务的利好。

再比如读者只是来图书馆进行简单的借还书服务，进而图书馆应该在其每个楼层都设立多个自助借还书系统，就像我国现在的高铁火车站所设立的自助取票系统一样，完全做到自动化，使读者方便、高效率的完成借还书。与此同时，应该在自助借还书系统显示屏上详细记载读者的借还书记录，并根据读者借书的记录分析出读者的喜好或其擅长的领域，通过智能技术为读者推荐一些其感兴趣的领域的其他书目。

二、馆员之间的共同心智

一个图书馆内的所有馆员可以被看成一个团体，这个团体是为了图书馆蓬勃发展而存在的。我国有很多图书馆，但是每个图书馆服务的质量和态度都不一样，大城市图书馆的服务质量和态度未必会高于小城市。造成这种状况的缘由并不全是因为资金、技术匮乏，最主要的应该是馆员的问题，如果可以将馆员的心智达成一致，那么他们工作起来必然会更有效率，图书馆的发展自然也会更快。图书馆内有很多部门，例如流通、采编、参考咨询等，这会导致每个馆员被分配的工作都不一样，但是不能因为工作性质的不同就缺少彼此之间的交流，在工作中，无论哪个部门的馆员都应该勤沟通，交流彼此的知识和工作经验，尤其同一个部门下的馆员更应该做到这一点。

因为只有这样，馆员之间才能产生互动，才有可能达到共同心智，一旦馆员们达成了共同心智，工作效率会大大的提升，遇到突发状况时也会一起从容面对；当馆员达成共同心智后，在他们工作时我们经常可以看到一种心领神会的默契，往往馆员之间的一个眼神就会理解对方的意思。馆员们之所以能够在烦琐模糊的环境下高效率完成工作，一个很重要的原因是馆员们在这种环境下完成工作或解决问题的方法、思路都是基本一致的。此外，各个图书馆之间应该打破以往保守的传统，让各个馆的馆员有机会接触并进行沟通，吸取对方的经验并使他们也达成共同心智，这对图书馆的发展是有百利而无一害的。最后，条件允许的话应该让全国乃至全世界的图书馆馆员都有机会进行交流，从而开阔自己的视野，提升自己的知识储备和经验，当为读者提供服务时，毫无保留地将自己所知道的知识提供给读者，让读者通过自己的服务提升其心智，从而实现智慧图书馆的初衷。

三、馆员与读者之间的共同心智

商业圈里有句俗话："顾客就是上帝。"此话同样适用于图书馆，读者就是图书馆的灵魂，图书馆本身就是一个为人民服务的机构。试问一个没有读者愿意去访问的图书馆，它的存在又有什么意义呢？当代图书馆的大楼建得越来越高，越来越现代化，资料和信息越来越丰富，但是读者数量却没有因此而增多，这就表明读者在乎的并不是这些表面上的东西，而在乎的是其本质的东西，即人文智慧服务。虽然图书馆现在利用智能技术可以提供很多便捷服务，但是有些东西是不能通过机器传递给读者的，比如人生阅历、经验。

要想使馆员与读者之间达成共同心智，首先最重要的就是改变馆员的传统服务观念，即"为人作嫁衣"的被动服务观念。馆员的最主要任务就是将文献资源介绍给需要它的人，起到一个中介的作用，换一种说法就是为人作嫁衣。以前这种被动的服务观念往往会令馆员产生些许消极心态，馆员往往将自己的能力限定为图书的上下架、借还以及编目索引等简单的工作，认为自己得不到社会的认可，在外人看来自己只是一个普通的图书管理员。但是当我们换一种认识，将为人作嫁衣看成"服装设计师"，也就是当图书馆员为读者介绍和推荐文献资源时，图书馆员无疑为知识和智慧的普及做出了不小的贡献从而推动了社会的发展。至此，图书馆员就不再是简单的图书管理员，而是利用自身的智慧将文献资源所含的有用信息最大程度传播到社会的各个角落，即图书馆员是智慧的传播者，是社会与智慧的桥梁，只有这样图书馆的服务及馆员自身的价值才能获得社会的认可。

在改变自身服务观念的同时，馆员应该还注重以下两点：①图书馆员在工作中，在"管书"的同时还要学会"用书"，通过阅读大量的资料来了解社会发展的动态，提升自己的知识储备和智慧，加强自身的心智。我国历史上有许多伟人都在图书馆工作过，在图书馆增长自己的见识，提升自身的智慧，最后利用其所学所悟为社会的发展做出巨大的贡献。②当读者来到图书馆后，馆员应该摒弃以前的被动服务方式，主动找读者询问其是否需要帮助，通过自己的智慧为读者服务，争取与读者达成共同心智，真正了解读者的需求并做出合理高效的智慧服务。读者绝大多数情况下会欣然接受帮助的，这种做法会让读者觉得很温馨，来到了图书馆就像回到了自己的家一样，读者也会很欣赏图书馆的这种做法，自然也就愿意来到图书馆。由此可见，图书馆只有注重人文智慧才能吸引更多的读者。

四、读者与读者之间的共同心智

当读者来到并向智慧图书馆提出某种诉求时，智慧图书馆会将这种诉求和其他读者的相匹配，如果有一样的内容，智慧图书馆会主动介绍给读者。这样就形成了一个拥有相同诉求的小群体，形成了一个虚拟社区。在这个虚拟社区中，读者可以共同合作与学习争取解决自己的问题。在解决问题的过程中，通过彼此的深入沟通和交流，会自然得到对方的隐性知识从而提升自己的心智，进而达成共同心智，更高效率解决问题。同时，各个社区之间也可以进行相连，分享彼此的知识和经验，共同合作、共同进步。

第四节 智慧图书馆知识服务模式

一、基于书与书共同心智的智慧图书馆知识服务模式

（一）知识管理服务模式

在当今社会中，图书馆正在转变其服务理念，由过去注重馆藏、被动服务等逐渐向以人为本、开展智慧服务、满足用户日益增长的个性化需求的方向转变。数字技术的迅速发展导致海量的信息涌现在世人面前，各种载体的资源不断充斥着世人的眼球。但当用户接触这些杂乱无章、多如牛毛并且种类、介质繁多的资源时，经常会感到迷惘，不知所措，不知道哪些资源才适合自己，所以图书馆的资源整合计划必须提到日程上。从实质上说，用户越来越向往高速、高效率的服务。资源很多，但用户使用时往往需要进行大量的重复检索和筛选工作，这就大大降低了效率。现在用户注重的是馆藏资源是否精炼，使用起来是否便利。所以，纵使图书馆拥有再多资源甚至是别的图书馆所没有的，这些对用户来讲都不是最重要的，用户最为关注的是在图书馆能否高效且快速得到所需求的资源。

知识管理服务模式是以智慧图书馆为前提，将所有图书馆和网络的信息、知识重新进行提取、加工和管理的模式。采用智能技术和数据库技术，依照学科或某种体系结构将海量错杂的信息进行重新分析和归纳，建立全新的专业化、智能化的导航库。在此基础上，对重新整理好的知识信息进行深度的理解，探索知识与知识间的潜在关联，通过图书馆员的智慧创造出独一无二的全新知识产品供用户使用。在大数据的影响下，智慧图书馆应该对信息资源进行深度的挖掘，将信息资源进行简化、浓缩，找到隐藏在信息资源中的有用知识并提炼、整合出来，以便于人们识别和理解知识；通过智能技术，将每个用户通过该导航库查询的知识进行记录和保存，一旦别的用户也查到和之前用户相同的知识领域时，自动列出之前用户所查询的信息并设立留言板块，方便用户之间进行知识的交流，达到知识最大化利用。

此外，图书馆还可以建立一个新型的软件系统，该软件可以根据用户输入的请求在现有资源中搜索出符合用户需求的主题信息，并经过分析、整合，按照用户的个性化需求，对用户进行定向服务、专题服务和跟踪服务。

（二）知识导航服务模式

知识导航服务模式的核心宗旨是解决用户的问题，以用户为核心的服务。它的含义是在互联网环境下，庞大的信息和知识往往令用户眼花缭乱，自己所需的资源往往要耗费大量的时间才能找到。知识导航服务模式就是能在海量的网络资源里帮用户快速、高效找到其所需要的资料，节省用户的时间。它将图书馆员转变成了知识的导航员，在复杂的网络环境中为用户保驾护航并提供引导咨询和主动的个性化服务。在智慧图书馆体系的支撑下，知识导航服务模式得以最大限度的发挥，因为各馆之间都完成了相连，馆员可以利用网络穿梭在任意一个图书馆为用户寻找资源。

现今，用户所要求的服务越来越专业化、智能化和深层次化。图书馆如果再不更新以往的服务方式势必会走向没落。知识导航服务模式是图书馆与时俱进，迎合用户多样化的要求而诞生的。它也包含了许多新的优势，如服务对象面向全人类，服务内容载体的多样化，服务手段变被动为主动，并且呈现出多元化和个性化、服务流程一体化等特征。

二、基于书与人共同心智的智慧图书馆知识服务模式

（一）个性化定制与推送服务模式

1. 个性化定制服务

个性化定制服务模式是一种专门为满足个体的知识需求而设计的一种全新的服务方法，该方法是为了解决和满足用户日益增长的个性化需求而诞生的。来到图书馆寻求知识的用户是一个庞大的用户群，且类型复杂。他们由于职业等的不同所需求的服务也五花八门，其自身的信息获取能力也是各有不同，要想满足这些用户的各种需求，就要掌握这些用户的知识需求心理并做出全面客观的解析，然后根据用户的要求来整理和归纳资源，并通过对这些资源的再组织和深度挖掘，最后呈现给用户的是其所需的、个性化的知识精品，并且营造一个良好的个性化知识环境。具体来讲，一是要根据不同用户的不同知识需求提供个性化、专业化和特色化的知识导航；二是根据不同的用户建立个性化的用户界面，为用户推荐集成化的知识资源；三是积极设立用户定制服务，用户可以定制其所感兴趣的知识资源，图书馆定期自动地将用户所需资源通过个性化的定制服务传达给用户。以上这三种方法都可以通过短信提示、电子邮件、微信平台等方式来完成。此外，个人定制服务要时常跟踪，定期为用户进行资料更新，咨询用户的使用情况，调查用户的检索内容并总结出适合用户的检索过程，逐步建立起属于用户自己的知识系统，直到解决问题的全过程。个人定制服务的出现将会大大提高智慧图书馆知识服务的质量，提高效率，节省读者时间。

2. 个人推送服务

个人推送服务模式是指智慧图书馆为用户提供账号，通过这个账号用户向图书馆提供自己所需要的资源范围、需要资源的时间、检索词汇或检索方法等，智慧图书馆会根据用户所界定的要求，在规定的时间内将用户所需资源推送给用户。信息推送是利用数字技术，将所需传送的资源利用多地址发送的方式，传递到用户手中。信息推送服务有很多种，例如利用电子邮箱或微信平台，但这两种方法都需要馆员的人工服务。还有利用智能软件来完成推送，过程是用户先使用软件将要求输入进去，系统接收到指令时会由系统或人工按照用户指定的方式进行检索，检索成功后再把资源传递给用户。

（二）自助性服务模式

自助服务模式是建立在智慧图书馆已经拥有健全的知识服务系统和用户较高的实际操作能力及较多的知识储备或内涵的基础之上的，该模式要求用户的指令直截了当并且具体。用户通过智慧图书馆建立全新的专业化、智能化的导航库所提供的标准化服务和解决方案，自行检索和简单分析即可得到问题答案。自助性服务模式是图书馆依据以往的经验，将需求量大且技术含量较低的服务，依靠智能化技术让用户采用自助服务的方式独立解决自己的问题。随着数字技术、人工智能等高端技术的不断发展，建立拥有知识查找、重组能力的自助式智慧服务平台成为可能。用户可以通过智能手机、电脑或是其他数字设备来享受智慧图书馆所提供的自助性服务。

由于自助服务模式的双方交互活动是间接的，所以智慧图书馆作为服务提供方只能听取用户的反馈意见去进行服务的改造和升级，并要源源不断地向智慧服务平台注入新鲜的知识咨询，这样才能保证自助服务的质量，满足用户的各种个性化需求。

三、基于人与人共同心智的智慧图书馆知识服务模式

（一）智慧化参考咨询服务模式

参考咨询服务是众多图书馆服务中不可或缺的一部分，时至今日，参考咨询服务依然活跃在各个国家和地区中，这足以说明其在知识服务中的地位。它是基于问答方式的一种方便用户的服务。用户向图书馆提出问题，图书馆就会让馆员或专家通过各种方式和手段解决用户的问题。随着数字技术的迅猛发展，参考咨询服务正渐渐地向数字化方向发展。

智慧化参考咨询是以数字化、智能化为基础，运用智能技术将参考咨询提升到一个全新的高度。智慧化参考咨询服务模式是智慧图书馆知识服务中的一个不可或缺的基本服务方式。基于之前图书馆参考咨询服务的经验，智慧化参考咨询服务可以分为以下几种。

1. 实时资讯

实时资讯是最直接也是最高效的参考咨询服务，在智慧图书馆中，图书馆应该建立一个专门的参考咨询服务平台，用户可以通过平台提出问题或者是点名选取想要的图书馆员来为之进行服务，当服务平台接收到用户的请求时，应快速地传递给馆员，馆员根据用户的要求来指定人员为用户提供实时交互的参考咨询服务。实时资讯的方式很多，如微信、QQ、网络聊天室等，这种服务方式的特点是针对性强，能快速高效的帮助用户解决问题。

2. 异步式参考咨询

异步式参考咨询是指用户和馆员或专家之间没有形成实时的互动，互动是非即时的，智慧图书馆环境下，图书馆所建立的参考咨询服务平台应该将以往所提供的服务的答案和解决问题的步骤全部收录并整合到一起，另外图书馆还需提供一种类似搜索引擎的系统，当馆员和专家不能提供实时参考咨询服务时，用户仍然可以将自己的问题输入该系统中，系统会根据用户的问题，通过智能的筛选，将之前类似该问题的回答罗列给用户，并将完成该回答的馆员或专家的联系方式留给用户（出于对用户隐私的考虑应将提问者的信息隐去），这种方式会对用户有一定的帮助。如果仍然没有解决用户的问题，用户可以根据自己的实际情况选择老式的异步式参考咨询服务，如通过邮件、BBS 等将问题提交给图书馆或者联系之前回答问题的馆员或专家。这种全新的异步式参考咨询虽然仍存在用户与咨询人员缺乏实时的交流，从而出现咨询结果不能得到及时反馈的缺点，但是通过这种不受时间、空间限制的新型异步式参考咨询，还是能在一定程度上解决用户的问题，既节省了用户的时间还节省了图书馆的人力资源。

3. 联合式参考咨询

联合式参考咨询服务就是运用智慧图书馆能将多馆和多馆的资源联接到一起的优势，将图书馆的人力资源、文献资源等整合在一起，共同为用户提供高效的服务。当用户来到图书馆寻求参考咨询服务时，如果该图书馆不能完成用户的提问，那么可以将问题转交到其他图书馆，让能解答该问题的其他图书馆帮助完成用户提问。

4. 层次化参考咨询服务

层次化参考咨询服务模式是以人力资源和信息资源的纵向分类为特点

而展开的，以满足用户个性化、深层次信息需求为导向的一种服务方式其主要特点是细分咨询体系，建立层次结构，深化和拓展咨询服务内容。图书馆将收集到的咨询问题按难易程度、利用方式、专业类型等标准划分成若干层次分别给予解答，从而提高参考咨询服务的质量。

（二）学科馆员服务模式

学科馆员服务模式最早出现于1950年的一所美国高校图书馆中，当时是图书馆指派一些具有某种专业特长的馆员为相关专业的学生答疑解惑。时至今日，我国已有相当一部分高校图书馆提供学科馆员服务，但是我们也应该看到有相当一部分图书馆的学科馆员服务都属于盲目跟风，仅仅局限于形式，只在图书馆的网站上发布一些学科馆员的名单及所擅长的专业和联系方式，却根本没有实质性的工作内容。

在智慧图书馆环境下，我们要重新定位学科馆员。学科馆员在某种领域上较其他普通馆员拥有独到的见解，并具有将该领域的知识进行重组、提供专业化服务的能力，同时学科馆员还应具有一个图书馆员所必须拥有的全部图书馆学基础知识和技能。虽然学科馆员与一般的图书馆员相比，领域知识比较扎实，但是不能因此就把学科馆员的专业水平与该专业领域内的科研人员进行比较，学科馆员的专业知识不可能达到与科研人员那样的深度。所以学科馆员的本质还是一个图书馆员，其服务的主要内容是将其所擅长的专业知识经过自身的理解、整理、归纳和重组，将自己对该知识的领悟或经验采用各种高效、便捷的方式主动地提供给用户。学科馆员与科研人员最大的区别就是：学科馆员只负责专业知识的搜集、整理、重组、挖掘和传递，而不是对专业知识的深层研究。因此，学科馆员应该是专业知识的检索者、整合者、分析者和监督者。

此外，学科馆员服务是基于人的服务，所以要求学科馆员在相关领域上不断学习和进步，了解该领域的最新消息，与时俱进，在努力提升自己专业知识的同时，也就间接地提高了用户的专业知识水平。目前，有一种称为"学科馆员——功能专家"的研究体系，即将学科馆员和该领域的专家联合起来形成一个团队，共同为用户服务，这样既可以提高学科馆员自己的专业素养，也提高了为用户服务的质量。在服务时，应该改变以往被动服务的做法，变被动服务为主动服务，主动了解用户掌握专业知识的情况，了解他们的需求，为用户推荐相关书籍和资料，也可做一些问卷调查从中获取用户的心声，做到心中有数，有针对性的为用户服务。同时，在服务方式上也应该求新求变，例如开展智慧化的参考咨询服务、学科网络资源导航服务等。此外还应注重用户知识素养的培育，学科馆员可以定期安排一些图书馆知识讲座，让用户了解图书馆所有的服务和使用方法的同时，介绍相关专业领域的知识检索方法、数据库的使用等。当图书馆引进用户感兴趣的新资源时，应立刻告知用户，使用户也能抓住该专业领域的第一手消息和咨询，使用户能够在寻求知识服务时首先想到利用图书馆。

第五节 基于P2P的智慧图书馆知识服务模式

一、基于P2P的图书馆知识服务的需求分析

（一）图书馆知识存量增加的要求

知识越来越被人们所重视，关于知识经济的话题也在越来越多地被人们讨论，在这个环境下，社会对知识的渴望和需求也在迅速增高，图书馆作为知识的集散地，其知识需求量不容小觑。当今社会，图书馆之间在组织结构、服务系统、服务质量等方面的差异都不大，除了图书馆所处地区的经济实力、图书馆的规模、图书馆的成本等因素之外，知识服务才是隐藏在资源背后，决定图书馆生存及发展的核心竞争力。

图书馆的知识服务主要来自馆员自身知识的储备量，而一个人知识储备的多少往往取决于自身的智力、创新能力以及其他综合能力，其中自身综合能力的提高离不开隐性知识的支持，所以隐性知识应该被高度的重视。一个图书馆知识服务质量的好坏完全可以用隐性知识的挖掘和利用率来衡量。

（二）图书馆用户的知识化需求

现今，为了适应社会发展的速度，无论是用户对知识的需求，还是图书馆员自身的知识结构较以前都有着很大的变化。在知识经济时代，社会对知识的渴望越来越强，每个人都在不停学习新的知识借此来强化自己，增加自己的知识储备，完善自己的知识结构。在图书馆中，馆员为用户提供知识服务的同时也要加强自身知识的储备，通过得天独厚的优势，阅读大量文献，将显性知识转化为自己的隐性知识，再将隐性知识外化出来，不断强化自己，

这样才能满足用户日益增长的个性化需求；同时，来到图书馆的用户类型繁多，用户的年龄、性格、知识储备、擅长的领域等都各不相同，这就需要图书馆分析用户的需求，为用户提供最恰当的知识服务。此外，图书馆应该摒弃传统的服务方式，被动变主动，主动的与用户进行沟通和交互，彼此吸收对方的隐性知识，实现双赢，从而提高知识服务的质量。

（三）图书馆知识服务的创新要求

纵观整个历史，创新一直都是被人们所关注的，知识的创新也不例外。所有企业和机构都在求新求变，图书馆为了适应社会的发展也势必改变其服务方式，力图创新和改革。随着知识经济的出现，知识创新成为人们关注的焦点，图书馆知识服务的发展，也从以往的"重藏轻用"变成了以人文本，注重用户体验的服务理念，现在的用户不再关注馆藏资源是否丰富，因为资源再丰富，用户能用到的也只有冰山一角，用户现在关注的更多的是知识服务的质量和能否为自己解决问题。知识经济所追求的就是知识创新，这取决于知识的传递与应用，凸显了隐性知识的重要性。在互联网时代，图书馆必须改变原有的服务方式，树立创新意识和以人文本的服务理念。以解决用户的问题为目标，不断开拓馆员的创新能力，让馆员不断充实自己的知识，同时改变"各自为政"的思想，彼此多交流，刺激隐性知识的挖掘，对知识进行重组和再造，以期为用户提供高品质的知识服务。

二、基于 P2P 的图书馆知识服务的内容分析

建立以 P2P 网络技术为基础的图书馆知识服务模式，将 P2P 技术与生俱来的优势融入图书馆资源共享、协同、整合中，令图书馆知识服务的质量大幅提高，这是图书馆为了适应知识经济发展所要走的必经之路。将 P2P 网络技术应用到图书馆的知识服务中，重视知识的整合、挖掘和创新，提高知识储备，让知识服务质量更高效便捷；与此同时，P2P 这项逐渐趋于成熟的网络技术所蕴藏的经历、经验等可以帮助图书馆为用户解决实际问题，为用户的决策支持保驾护航。

（一）基于 P2P 的图书馆知识服务的拓扑结构

采用混合（半分布）式 P2P 结构来构建图书馆知识服务模式。一方面，混合式 P2P 结构会采用超级节点为用户呈现其所拥有的资源目录；另一方面又可以利用 P2P 技术来开拓协同应用领域，实现知识共享。网络用户是

以超级图书馆节点为依托，利用P2P软件来沟通、共享和学习。以这种方式构建的知识服务将P2P软件和终端的优点发挥到了极致，借此推动了图书馆知识服务协作的进一步开展。

在这种拓扑结构下，P2P网络中，图书馆相对于用户来说，其资源的存储量，提供服务的效率和负荷量等方面都具备了其作为超级节点的条件，用户则通过其知识需求选择其所属的图书馆。图书馆主要负责知识组织与知识管理工作，而其工作的前提是为各等体用户之间相互提供共享资源和服务。图书馆应有意强化各用户树立知识共享的思想，这代表着用户认知层面上的转变和提升，从根本上推动知识挖掘的实施。用户的大量资源索引得到共享，图书馆依托先进的知识组织技术，使所有的知识索引序化，形成集中式目录形式，方便用户查询和匹配，从而更好地为用户提供知识服务。多个图书馆节点之间则以纯分布式拓扑的形式构建。

当用户A向其所连接的节点图书馆B索要检索服务时，图书馆B在其馆藏资源目录中没有搜索到用户A所需的书目，那么图书馆B就会将用户A的需求转发给其他超级图书馆节点，其他超级图书馆节点在接到请求后会第一时间在自己馆内进行检索，并将结果返还给图书馆B，图书馆B将返回结果进行加工处理后返还给用户A。在这个过程中，每一个节点都是公平对等的。

比较具有代表性的应用有：Kazaa、Grokster和Miesh。这3种P2P共享应用全部是基于FastTrack协议的。这3种应用中Kazaa最为流行，知名度最高。超级节点的概念就是起源于FastTrack协议，它可以加强P2P网络的稳定性，使系统的运行速度更快。

以Kazaa应用为例，超级节点的作用被嵌入到了客户端中，当一个电脑具备良好的带宽、畅通的网络速度、高端的配置等要素时，它就可以在Kazaa软件中扮演超级节点的角色，临时承担索引服务器的责任。

为了让用户更好的体验Kazaa网络，软件应用中就已经具备了若干相对稳定的超级节点，并提供这些超级节点的地址。当用户加入Kazaa后，会自动与一个工作中的超级节点相连并可以得到其他超级节点的列表和地址，随后系统会自动分配一个最适合用户的超级节点作为其上游节点（父节点），用户可以将自己的信息和资源上传到上游节点中，同时可以对节点提出自己的知识诉求。上游节点之间会交换检索要求和检索结果，并将得到的资源反馈给用户。

（二）基于P2P的图书馆知识服务的内容传送

P2P的最大优势在于能够实现多个服务者向某一用户提供知识服务，此技术也是基于P2P的图书馆知识服务模式研究的核心部分。但在实现过程中，P2P网络中除了拓扑结构、内部路由外，内容传送也是一个关键问题。在P2P网络中，知识的传送要比传统的图书馆流通、文献传递要复杂得多，其最主要原因是传统的知识服务都由图书馆单独完成，只有一个知识来源点。而在P2P对等模式下，包括图书馆和用户在内的多个节点都可能共同拥有知识来源，服务时需要从多个节点获取知识。因此，必须采用一种机制使多个节点可以有序地进行服务，避免多个节点提供重复服务，给用户造成不必要的负担。

此外，在P2P模式下，内容的传送过程中不同节点的传送速率也是有变化的，并且某些节点可能会临时退出P2P网络，在传送过程中必须考虑到这些情况的处理，同时某些处理还必须结合P2P路由机制协同完成。P2P的内容传送技术有两种：非实时内容传送技术和实时内容传送技术。非实时内容传送不存在严格的时间限制，内容传送可以通过暂存重组的方式获得更高的传递效率。当内容传送机制接收到所有知识片段后在进行相关性由大到小重组后，反馈给用户。而实时内容传送的特点是每个节点都必须从靠近当前点附近的节点进行内容传送。从节点信息管理的角度看，节点的内容必须靠得很近，这样才能在短时间内检索到所能提供知识的节点。图书馆用户的知识需求一般有较强的目的性，采用实时内容传送的手段不但可以方便图书馆进行知识组织、检索等工作，而且会大大提高知识服务的效率。

三、基于P2P的图书馆知识服务模式的构建

（一）图书馆P2P服务原理

采用P2P网络技术构建的图书馆知识服务模式是一种资源分布利用与共享的网络体系架构。在这种网络模式下，减轻了服务器作为唯一的资源提供者的负担，每一个客户机都可以向其他客户机提供服务并与其他客户机共享资源，同时也可以利用分布在各客户机上的边缘性网络资源，这时他们就成为该网络系统中的Peer（用户）。

P2P网络共有四种架构模型，分别是中心式网络模型、分布式网络模型、混合式网络模型和结构化网络模型。图书馆P2P知识服务模式使用的是上述第三种——混合式结模型。

图书馆的P2P服务模型是以一个图书馆为超级节点，以用户为超级节点下属的普通节点的模型。此模型下，图书馆不但要对用户进行管理，还要向用户提供集中式目录。各个图书馆之间构成分布式结构，图书馆与其下属用户之间构成了集中目录式P2P结构。在P2P对等网络为基础的图书馆服务模式下，每一个用户都需要将自己的资源共享出来，同时也能够利用其他用户提供的资源来解决自己的问题。在对等网络中，不但数字资源可以进行共享，传统的纸质文献或图书也同样可以进行对等交换。对等网络注重以用户身份提供的资源，当一个用户准备加入对等网络时，服务器会将该用户的登录信息记录下来，其他的用户会得到通知，同时该用户也会得到已经连在网络上的其他用户的名字索引，服务器仅仅是以一个类似中介性质的身份而存在，资源仍然保留在各个用户手中，用户之间进行连接和通信都不必经过服务器。同样的，在图书馆对等网络服务中，图书馆的资源不仅包括自己的现有馆藏资源，每一个到访的用户的资源也可以为图书馆所利用，但图书馆并不拥有这些资源的所以权，图书馆拥有的是使用这些资源的权利，这些资源的拥有者始终都是用户本身。

（二）基于P2P的图书馆知识服务模式构建

P2P为图书馆知识服务的资源共享、查询及服务质量的改进等都贡献了新的思路。采用对等服务的理念，可以保证服务的实时性和深度。基于此，本文构建了一个由资源层、管理层、服务层、应用层组成的基于P2P的图书馆知识服务模式。

1. 资源层

资源层作为知识服务平台的核心设施之一，处在整个平台的最下端，分别由用户知识库、基本知识库和数字资源库组成。这些资源中既涵盖了各类经过整合或未经处理的数据，也涵盖了基于各种介质类型的显性知识和隐性知识，这些资源是开展知识创新和为用户提供高品质的知识服务的源泉。

2. 管理层

（1）节点管理模块

节点管理模块掌控着各个节点（对等体）的进入和离开诉求。当一个节点申请进入平台后，超级节点会依照某种规则判定这个节点是否拥有进入的权利，如果可以进入，超级节点会将该节点的资料记录到本地的地址中，方便日后的检索和查阅。同样，当一个节点提出离开要求时，节点管理模块会将该节点的所有相关资料删除，同时通知P2P网络中与该节点有过接触的其他节点，以此来确保其拓扑的统一性。

（2）匹配管理模块

匹配管理模块的职责是寻找与被需求资源类似或相连的其他资源。在匹配管理模块的检索结构中，其主要的运行机制是将被需求资源的特征和类型下发到处在P2P网络中的其他节点中，并进行匹配，或者是将传递回来的新资源进行挖掘，对已有的资源进行整合或重组，创造出新的知识。在进行匹配管理时，需要注意以下几方面。

①名称。当节点需要某种资源时，其检索方式基本上都是通过名称进行检索，所以名称是判断资源是否类似的重要标志。

②属性。资源也允许依照其属性进行匹配。实际上，资源的名称仅仅是从一个方面诠释资源彼此间的关联性。通过整合和归纳资源的属性结构可以较好地辅助资源的查询，弥补仅仅依靠名称判断的不足。资源的属性已经成为匹配管理和资源归并的核心要素。

③关系。关系是资源的备用信息，能够为查询节点贡献一些额外的有利用价值的信息，并且能够加强资源的匹配等级。

（3）本体寻址模块

本体寻址模块的功能是检索的转发过程。当图书馆收到一个检索请求时，不管该请求是来自该图书馆下的用户还是来自另外一个图书馆，本体寻址模块都会先从提出检所请求的节点所在的图书馆进行搜索，如果未搜索到，它会将请求转发给其他超级节点的集中式目录模块，当获得了资源节点地址后，它会将请求经过P2P路由模块通知给拥有该资源的节点。否则，它会将请求转发给广播查询模块，该请求就会发送给其余所有的节点。相比较利用泛洪技术作为转发机制的主要方式，本体寻址模块不仅能够减少网络拥堵，还能确保资源查询的高效性。

（4）P2P

从一开始，P2P路由模块会从节点管理模块得到同一地区内的一些节点，并获取它们的地址，P2P路由要考虑到各节点的邻居关系。确认邻居关系有两个方法：①网络度量，如节点之间的跳数；②语义亲和度，例如两个节点的概念、名称，如果类似，我们就可以称它们为邻居节点。P2P路由模块会依照本体寻址模块的命令来查询资源。当它得到一个检索请求时，不管请求是针对广播转发还是针对同一地区的节点，它都会将请求传递给超级节点以期获得帮助。当得到反馈时，它会将结果认真比对后再返还给请求节点，并将结果收入到自己的集中式目录模块中，从而增加本地资源。

3. 服务层

（1）共享资源管理模块

共享资源管理模块是指本地所拥有的资源，其中涵盖了其本身就拥有的资源和各节点检索下载的资源。由于各节点不断提升的自己的个性化需求，本地资源也会随着节点的需求进行实时的更新、剔除。

（2）集中式目录模块

集中式目录模块是进行知识服务的中心模块，它记录着全网所有用户的信息和资源索引信息。该模块运用图书馆知识组织技术对用户提供的资源进行基于 RDF 的元数据集中目录的构建，同时应用 P2P 的实时内容传送技术对各节点进行排序，确定节点之间的邻居关系，并依照服务情况随时更新序号。以文件名为索引关键字为例：为每个知识文件建立一个索引项，用格式（实时内容传送、文件名称、关键字、节点 IP 地址、节点服务端口）描述。

（3）查询处理模块

查询处理模块的功能是对检索请求进行反馈，并对返回结果进行归纳与整理。当节点间收到检索请求时，查询处理模块会对检索内容分析并加工，最后得到检索内容的名称、属性和关系等。然后利用匹配管理模块按照相应的方法、手段进行匹配，其中，匹配方法、手段既可以通过检索请求节点设置，也可以由提供结果节点设置。在前者中，匹配方法和手段在还没提出请求时就已由提问者构思和设置好了。在后者中，匹配方法和手段是在返回结果的过程中设置的。一旦一个名称、属性或关系与请求相匹配，查询处理模块就会将结果返还，请求节点会根据自己的情况得到适合匹配自己要求的资源。

（4）广播查询模块

广播查询模块的功能是在各大超级节点无法满足用户的检索需求时，在P2P网络中利用广播技术进行检索，确保每个用户的需求都能得以满足。当广播查询模块收到一条检索请求时，广播检索模块就会将该请求转发给其余所有节点。

4. 应用层

（1）知识检索

在对知识进行挖掘、发现并整合后，图书馆建立了各式各样的知识库以供用户使用，例如学科知识库、知识导航库、特色文献知识库等。知识库中包含用户所需要的所有知识，是拥有创新价值、特色价值的知识精品。这些知识为用户的日常学习、科研、决策等提供强有力的支撑。在P2P知识服务模式下的知识检索，不但扩大了知识检索的范围，提高了用户知识库的应用价值，而且它以资源的名称、概念、属性和关系为出发点，可以挖掘资源中存在的潜在知识，而不仅仅局限于字面的机械匹配。与此同时，该知识检索可以把每个知识库里的知识元进行动态连接，彼此形成互联关系并构建出知识元数据库以此来建立资源更加丰富的知识网络。

（2）个性化知识推送

个性化知识推送服务是指图书馆将某一用户的所有需求整合到一起，经过智能的处理和归纳，推断用户的直接和潜在需求，向用户推荐适合自己的知识，同时利用特殊的软件对整个服务的全过程进行跟踪，直到完美解决用户的问题为止，这种服务涵盖了个性化推送和定制服务。个性化知识推送服务的方式基本上都遵循互动互利的原则，即采用各种智能技术，分析用户的诉求并与用户进行实时的交互，为用户提供知识精品，再依照用户反馈的信息做出适当的改善，以期为用户提供高品质的知识服务。在P2P环境中，个性化知识推送可由各节点间自由进行，这不但节省了图书馆的工作量还提高了用户间的交互。

（3）数字参考咨询

数字参考咨询服务是指图书馆依照用户的请求，对知识进行全方位的检索、归纳、挖掘、整合，最后完成知识重组和知识创新，为用户解决问题。

数字参考咨询服务基本上有以下几种方式：实时交互参考咨询、学科馆员参考咨询、异步式参考咨询等，这些形式的咨询可以随时以自由无约束的方式开展，让用户无论身在何处都能体验到图书馆高质量的知识服务。

（4）知识管理

在知识服务过程中，当知识不断被发现和挖掘并积累到一定数量后，就会形成知识库，这些知识需要通过有效的方式和手段进行管理和保存，这样才能更好地为用户所用。发现、挖掘知识是一个极其复杂的过程，需要数据挖掘模型库和其他复杂工具的相互配合，多次进行重复操作，不断进行更新和剔除，最后才能建立起高品质的知识库。运用P2P内容传送技术，图书馆员可以对知识进行整理与归纳，找出知识之间存在的关系，从而使知识库的资源能够实时更新，不断扩充。

（5）知识交流

知识的交互、交流就是传递和吸取知识的过程，它可以提高隐性知识的挖掘效率，使之显性化。运用知识交流服务，用户可以加强自己的知识储备，提高自身的知识素养。同时在P2P网络下，节点间彼此交流的知识可以完全被图书馆所吸纳，提高隐性知识的开发使图书馆能够建立领域最全、资源最细致的知识库。

第七章 大数据时代图书馆移动服务

第一节 图书馆移动服务模式类型

一、基于移动互联网（WAP）的服务模式

近年来，利用移动或手持设备上网已经成为明显的趋势。在移动互联网环境下，基于WAP网站模式的图书馆移动服务是图书馆服务功能的进一步延伸，发展很快。WAP网站不具有自动响应用户的设备环境的能力，而响应式网页设计（Responsive Web Design RWD）的网站，能兼容多个终端。在一个具有响应性的设计中，一个网站能够在任何大小的设备上优雅地显示。从某种程度上来说，RWD的普及是对移动设备扩散的响应。RWD的网站是图书馆网页设计的未来发展趋势。

二、基于App的服务模式

App就是application的简称，通常专指智能手机上的应用软件。很多图书馆都开发了专门的应用程序，如Innovative公司的移动OPAC版本AirPAC和OCLC（Online Computer Library Center，联机计算机图书馆中心）推出的专门针对iPhone等智能手机的World Cat Mobile。国家图书馆、上海图书馆也及时推出了自己的App，国家图书馆推出了一系列IOS及Android应用程序，主要功能：书目检索、二维QR码识别、微阅书刊。这些图书馆的App供用户免费下载、检索馆藏资源，允许拥有读者卡的用户进行借阅信息查询、图书续借和预约，并为用户提供了图书馆的最新公告、讲座预告及各项服务帮助和指南。App的应用产品正在飞速增长，各图书馆分别推出定制版App来满足不同的功能，根据图书馆协会的调查，有的图书馆利用App进行信息素养教育，有的图书馆将其作为市场营销的一个方法和策略。

三、基于短信的服务模式

已有的图书馆短信服务平台大多只能提供图书流通通知、培训、通知等简单服务。在此基础上，我国清华大学图书馆、北京邮电大学图书馆等还推出了利用短信查询图书馆馆藏目录的服务，从而实现个人信息查询、预约信息查询、书目信息查询、图书预约办理与取消以及续借图书的功能。

四、基于二维码的服务模式

二维码（Quick Response QR）是用某种特定的几何图形按一定规律在平面（二维方向上）分布的黑白相间的图形记录数据符号信息的，能够在横向和纵向两个方位同时表达信息，因此能在很小的面积内表达大量的信息，通过图像输入设备或光电扫描设备自动识读以实现信息自动处理，主要提供自助服务功能。QR码可用来配合手机照相功能，提供文字信息，减少按键输入的动作用户可以以扫描QR码的方式获取所查到的书刊信息并存储在随身携带的手机中。例如，汇文系统的OPAC就可以将图书馆所有书刊数据制作成对应的QR码，用户在检索时，只需利用手机中的相关软件读取QR码，即可获取所检书刊的出版及馆藏信息。此外，用户还可以把检索结果以短信或彩信的形式传送给朋友，与朋友分享阅读信息，甚至可以利用相关信息在网上书店及在线阅读网站进行检索。

五、基于物联网的服务模式

物联网是互联网的应用拓展，是业务的应用，应用创新是物联网发展的核心，以用户体验为核心的创新2.0是物联网发展的灵魂。北京邮电大学图书馆推出了基于物联网的实验性手机服务，名为"感知校园的智能图书馆系统"。其借助WiFi和RFID（Radio Frequency IDentification，无线射频识别）技术，为用户提供实时架位导航服务。通过基于位置的推送服务，当用户手持智能手机走到图书馆的感应范围内，就会接收到图书馆的近期热门图书、新书通报、馆内活动等信息。当用户走到某个书架的感应范围内，就会收到该架上的新书信息，②实现了建筑和图书"智能说话"。

六、基于数据库的移动服务模式

在图书馆积极应对移动互联网发展的同时，传统的出版商和数据库商也开始提供基于移动互联网和设备的数据库产品，都推出了能够在移动设备上检索、收藏甚至直接下载全文的数据库产品，如 IEEE、Nature、National Library of Medicine 等，EBSCO HostMobile 就允许用户直接通过智能手机检索并下载全文。

七、基于位置的服务（LBS）模式

基于位置的服务（Location Based Service，简称 LBS）包含两层含义，首先是确定移动设备或用户所在的地理位置；其次是提供与位置相关的各类信息服务，通过查找到移动用户当前的地理位置，然后再为其提供当前位置附近的宾馆、影院、图书馆等信息。可以说 LBS 就是要借助互联网或无线网络，在固定用户或移动用户之间完成定位和服务两大功能。

八、基于微信的服务模式

微信（WeChat）是腾讯公司开发的免费即时网络通信产品，微信用户可以通过手机、平板电脑、网页快速发送语音、视频、图片和文字，且支持多人群聊。

在个人用户的基础上，微信开发团队于 2012 年 8 月又推出了面向政府、媒体和企业等机构进行合作推广业务的微信公众平台。通过微信公众平台，机构可以与关注其的用户进行消息推送、实时交流和品牌传播。

微信公众平台的一个突出优点是与用户的在线互动，即微信公众平台以自定义的方式为公众账号提供接口，公众账号可以预设一些常见问题及答案，关注某一公众账号的网友只要回复相应的语句就可以得到相关的信息。微信公众平台在机构宣传、推广方面具有其他媒体不可比拟的优势：用户数量众多，操作简单（用二维码扫描即可添加关注）；成本低，如果不计网络流量，整个宣传的费用基本为零，因此，微信公众平台一经推出就受到诸多组织、机构等的欢迎，学校、银行、媒体都相继通过微信公众平台服务来宣传。

第二节 图书馆移动服务模式的设计与实现

一、图书馆移动服务模式设计的出发点

（一）注意服务群体的差异性

社会公众在接入与使用移动通信网络的硬件条件方面（尤其在移动通信网络与移动终端的占有与使用上）存在着巨大差异，这种差异客观上形成

了三种基本的用户群体，并由此决定了他们所能利用的服务模式。第一种是使用普通的 GSM 服务网络与最普通的、只能完成语音与短信功能的手机的用户群体。硬件基础条件的限制使得他们只能利用第一种服务模式即短信服务模式。第二种用户群体拥有较高性能的智能手机，他们多为在校学生或使用互联网较早的人群，对移动互联网具有深厚的兴趣与较强烈的需求，习惯利用 WAP 服务模式访问图书馆资源第三种用户群体是紧跟移动通信技术发展潮流的移动网迷他们一般都具有较高的文化程度、收入水平、较长时间的移动网龄，拥有 iPAD 等"苹果"高端移动终端，雄厚的物质基础使得他们尤其喜欢通过客户端应用模式接入移动图书馆对于他们来说，坐上高速车（移动终端）、跑在高速路（5G 高速网络）、玩特色（使用个性化、丰富的移动图书馆应用程序）已经成为他们利用图书馆的首选方式。服务群体的鲜明差异性及其利用图书馆服务模式的属性特点，是移动图书馆设计与优化其服务模式的出发点与重要依据。

（二）努力创造"移动服务机遇"

社会公众对移动通信技术理解与掌握的差距，形成了事实上的利用素养与技能鸿沟，这种鸿沟不但影响了公众对移动信息与知识的获取利用，而且妨碍了他们从中获取利益、参与社会生活、开展创造活动的权利与机会，造成了新一代的移动弱势群体。因此，消除公众利用移动服务的素养与技能障碍，努力创造"移动服务机遇"，减少知识贫困、社会分化、社会排斥现象，维护弱势群体利用信息与知识的权利，就成为图书馆移动服务模式设计的重要战略。

1. 专业技术平民化

让计算机、互联网及高速网络等先进技术进入普通民众家庭。

2. 技能培训规范化

让训练有素的专业技术人员深入基层，为民众提供正确、规范的技术培训和教育。

3. 网络内容实用化

针对用户的客观需求来编纂、设计和提供网络服务内容及各种应用软件，让所有美国人都能利用新技术最大限度地发挥自身潜力。

二、图书馆移动服务模式设计的原则

图书馆移动服务模式设计的目的是打破终端、硬件设备、系统、数据格式之间的分割与界限，整合信息资源，为用户提供一站式的知识服务。其工作重点是面向分布、异构的数字信息资源，通过服务集成构造统一的知识服务平台，实现知识服务的集成与信息资源的共建共享。因此，图书馆移动服务模式设计将按照实现信息资源共建、共知、共享的建设思路，在推进各图书馆信息资源的开发利用的基础上，形成有效的信息资源集中管理模式和共享机制。在设计上要体现以用户为中心的理念，遵循业务驱动服务、服务驱动技术的设计思想，具体优化过程中应坚持以下原则。

（一）经济性原则

图书馆移动服务模式设计要从图书馆的现实经济现状和信息化建设的实际出发，充分利用和整合各图书馆现有的信息资源与技术资源，避免重复投入；移动平台实现应尽量采用成熟技术，保障开发的可行性，提高效率、降低开发与维护成本；要以政府投入为引导，通过市场运作吸引社会投资的参与，减小财政压力；广泛调动社会资源，优化系统的管理模式，确保运营成本最低。

（二）开放化原则

服务对象开放化。图书馆全面向社会开放、实现资源的开放共享与存取已经成为社会发展的大趋势。图书馆及其他类型图书馆应该采取积极的态度来迎接这一挑战。具体做法可以效仿软件认证的方式：在移动图书馆中增加临时用户权限，并为其设置相应的访问权限，社会用户只要以 GUEST 用户身份登录，就可以利用 OPAC、期刊导航及部分免费及试用数据库资源。这样，既保护了公共师生的正当权益，又能够最大限度地共享了公共移动图书馆资源与服务，规避了相应的版权风险，从而有效地扩大了移动图书馆的服务对象群体，提高了移动服务的覆盖率，更好地满足了社会公众日益增长的移动文化需求。

（三）生活化原则

服务功能生活化对于什么样的服务是读者最需要、最实用的图书馆移动服务，图书馆界一直没有达成一致的意见。如图书馆移动 App 所提供的服务，如开放时间、位置、联系信息、新闻、公共目录等服务并非是真正的图书馆服务，移动图书馆至多只是研究中心或服务中心，就像市政当局或超级市场等其他组织所提供的服务没有什么区别。这些服务非常有用，但并非是图书馆的核心服务。只有对读者有用的服务才是真正的服务。

（四）以用户为中心原则

用户是图书馆开展一切知识服务的出发点与核心。要根据上文所述用户信息需要与信息行为的特点，以用户为中心设计与优化图书馆现有的服务模式。

1. 多样化原则

多样化是对服务方式的要求。用户在移动服务过程中可能会需要不同的服务方式，如检索服务、专题服务、咨询服务，移动服务模式所能够提供的服务方式要尽量多样化，以满足用户日益增长的知识需要。

2. 可近性与易用性原则

可近性是对于移动服务信息源与传播渠道的要求，它要求移动服务尽量降低用户利用的成本与门槛；易用性是对移动服务使用的要求，它要求移动服务模式遵循方便、快速的原则。设计开发中充分考虑到使用上的方便、快捷，层次结构精简、清晰，能够高效、快速地为用户提供准确的信息。

3. 适时性与针对性原则

适时性是对移动服务传递时间的要求，它除了要求移动服务模式能够提供最新的信息资源，还体现在图书馆能够对用户的反馈做出第一时间的响应。针对性是对信息传递过程的要求，它要求图书馆在移动服务过程中能够根据服务对象与实际情况，有针对性、创造性地开展工作。

4. 相关性与适用性原则

相关性与适用性是移动服务模式是否有生命力的关键所在。相关性要求图书馆移动服务模式要尽可能为用户提供数量巨大的相关信息，为解决问题提供数量上的保障；适用性是相关性的基础，要求服务结果不但能够满足用户认识到的现实信息需求，而且还能够满足其客观信息需要。因此，图书馆要通过提供卓有成效的移动服务，努力实现这一目标。

三、构建图书馆移动服务模式运行框架

针对服务群体的上述特点，图书馆移动服务模式设计应该从用户第一的角度，广泛兼顾社会各层次服务对象的需求与基础条件，尽量简化社会公众接入与使用移动通信网络的门槛，消除他们利用移动服务的素养与技能障碍，并有针对性地设计富有层次感、服务手段多样、服务质量稳定、极具普适性与惠民性的服务模式。

（一）设计图书馆移动服务模式运行框架

针对移动互联网环境设计全新意义上的图书馆移动服务模式，即通过非网络的常规服务与网络服务相结合的方式为社会公众提供移动信息服务。用户不仅能够通过电话、短信等基础服务实现馆藏信息查询、预约、续借、用户借阅信息查询、用户管理等图书馆传统服务功能，还能够通过WAP网站、客户端应用提供位置定位、二维码、流媒体等深层次服务。移动信息服务系统主要包含非网络的常规服务平台、短信平台、WAP网站服务平台、客户端应用服务平台、微信公共平台等五大功能模块，通过常规服务与网络服务方式相结合，基本能够满足各类图书馆服务对象的需求。

（二）图书馆移动服务模式框架的实现

1.常规服务模式的实现

对于非网络的常规服务模式，图书馆可以在以下方面大力开展卓有成效的"移动扶贫"工作。

（1）创建社区分馆技术服务中心

向买不起电脑、移动终端的人提供电脑硬件和移动信息技术的操作技能培训。

（2）提供移动终端设备与网络接入环境

图书馆以低廉的价格或免费向民众提供电脑硬件和移动终端设备，在图书馆内大力营造免费的WiFi和WLAN环境，力图在实体馆覆盖的小环境内，率先实现移动信息"扶贫"

（3）开展移动服务内容培训

图书馆向民众积极开展移动信息技术、图书馆移动服务内容培训。可以通过举办讲座、发放宣传单、手册、课件光盘的形式，增强社会公众的移动信息意识，提高他们的移动信息素养与利用技能，逐步消除他们对移动图书馆服务的畏惧感与排斥感，增强可接触感与亲近感，通过非网络的常规服务，让没有电脑和终端设备、不具备利用技能的社会公众也能够利用移动图书馆信息服务。

2. 短信服务模式的实现

短信服务模式的先天不足与一成不变严重影响了其服务功能与服务效果，使得其在数字时代逐渐淡出了图书馆主流移动服务的视野。实际上，对于那些不具备接入移动互联网条件的广大社会公众来说，短信服务模式仍是他们在移动时代利用图书馆服务的有效手段与渠道。图书馆应深入挖掘短信服务模式的潜能，对更多的图书馆传统服务功能进行重组与改造，使其延伸到短信与电话语音服务上，让短信与语音服务上承载更多、更丰富的动态内容与功能，从而使图书馆的移动服务更具有主动性、广泛性与亲近性。

（1）语音参考咨询

语音方式的参考咨询是指将文本、音频集成于一体，提供在线、即时的咨询方式。这种服务模式将参考馆员的咨询电话嵌入短信，用户只需点击短信中的电话信息即可与参考咨询馆员进行面对面的实时交流这样，用户不必再记忆复杂的咨询电话号码，只要通过短信中的咨询电话就可以联系到参考咨询馆员，馆员也可以在第一时间内对读者提出的问题予以解答。这同时也解决了传统短信服务需要用户背诵短信指令、信息易堵塞、受网络通畅影响大等多重难题。

（2）主动型的短信

短信服务模式可以提供基于文本、语音等多种方式的参考咨询服务。短信服务是图书馆移动信息服务的重要组成部分，而传递资讯又是短信最主要的功能。据统计，网民以获取新闻资讯为上网目的的比例为58，2%，随时随地阅读的便捷性使手机逐渐成为获取新闻资讯的主要方式，突破传统媒体阅读的载体限制。

作为以文本信息为主要承载内容的服务模式，图书馆要充分发挥短信服务模式在传播新闻资讯方面"小""快""灵"的特点，创新出主动型的服务模式。作为图书馆移动信息服务的初级阶段，图书馆短信平台主要对社会公众提供传统的借阅信息查询、超期提醒、到期催还、图书预约、续借、读者管理等功能。需要注意的是，这里所列出许多功能并不是图书馆主动提供的，而是被动提供的。所谓被动提供服务是指用户需要编辑包含特定格式的指令所组成的代码短信，然后将其发送到指定的服务号码，经短信平台处理后才能返回相应的查询内容。短信服务作为移动图书馆服务的重要手段，图书馆必须在主动服务、个性化服务方面深入挖掘、创新其服务内容与手段。

3.WAP网站服务模式的实现

（1）界面设计

考虑到不同群体在网络接入条件方面所存在的客观差异，尤其针对用户移动终端的类型与功能差异，图书馆在界面设计时，应该推出两种形式的WAP网站。

①文字模式

针对部分用户只能使用传统的二代网络与低配置的手机、网络带宽与移动终端存在利用瓶颈等客观现实，图书馆应对目前的WAP网站进行界面的全方位优化。优化的原则就是既保证资源丰富，又确保界面的简洁明了，使得普通用户也能够流畅访问。去掉占据带宽的图片、FLASH、音频、小动画，只保留能够表达网站思想、实现网站功能的基本文字内容；在版面安排方面多采用照顾普通网民使用习惯的设计风格。例如：将每个网页的版面限制在一个移动终端屏幕所能容纳的范围内，尽量不使用滚动条等不适合在小移动终端屏幕上所使用的元素；考虑到普通用户在移动终端上输入文字不便的现实情况，尽量减少文本框等元素的使用，而以列表框、单选、多选等贴心设计代替；减少网页链接的层数。网页调查显示，"网页信息每深入一层，用户多点击一次，就会损失一些访问者"，这一点对于WAP网站用户更具有重大的现实意义。用户在WAP网页之间切换时，远没有在台式电脑上那样方便与快捷。因此，要严格控制WAP网站链接的层数，链接的层数尽量不多于两层，并在次级页面链接的位置上设计醒目的返回按钮以方便用户的定位。通过以上设计举措，使得普通的社会公众在访问WAP网站时，就能根据所给出的醒目提示，选择适合自己情况的WAP网站利用模式。这种设计，使得在接入移动互联网络方面存在巨大差距的用户在文本模式下也能够体验到贴心的设计、浓厚的人文关怀。

②多媒体模式的WAP网站

多媒体模式主要针对接入与使用硬件条件较好的用户，高配置的智能手机、强大的处理器与操作系统、大容量的网络带宽支持使得图书馆可以放心地在网页界面中加入FLASH、音频、视频等丰富多彩的表达元素，选择高品质的色彩、图像分辨率、过渡效果，使用多框架、Java等多种网页设

/177/

计技术，从而使得这部分用户充分体验到多媒体模式所带来的炫彩享受。

（2）功能设计

WAP网站服务模式是国内外移动图书馆所采用的主流服务模式。目前，我国同国外先进移动图书馆在服务内容与功能方面还存在着较大的差距，这种差距主要体现在国内移动图书馆WAP网站所提供的服务内容仍主要集中于流通服务、数据库检索等传统的图书馆服务，其不过是将传统服务延伸到手机等移动终端上面。移动图书馆服务的内容、功能方面并未发生实质性的改变，创新程度不大，因此不能够对移动用户产生足够的吸引力。为此，我国图书馆一方面要丰富WAP网站服务模式的内容。除继续深化图书馆传统的流通、参考咨询服务之外，还要积极拓展全新的图书馆服务（电子书、音频、视频下载、讲座预约、租借计算机）；另外，还要继续增加能够直接面向用户需求的服务类型。例如，提供城市中图书馆网点及其分布地图、图书馆电话、开放时间、出行指南、办证方式等贴心服务；针对广大社会用户，广泛提供他们日常生活需要提供的诸如政策、法律、饮食、医疗、交通、教育各方面的综合信息；另一方面，图书馆要大力加强与用户的交流与互动，改变用户传统观念中移动图书馆服务冷冰冰的感觉，提供FAQ、服务意见交流版、读者建议微博、视频参考咨询、图书馆读者QQ群、飞信群、离线参考咨询等交流服务，拉近用户与移动图书馆的距离。

4. 客户端服务模式的实现

国内提供客户端应用服务模式的移动图书馆还不是很多，可供利用的客户端应用资源也不是很丰富，用户的利用率也不是很高，也没有调动社会公众利用客户端应用的积极性与热情。应该大力加强对先进信息技术的学习与借鉴，拓展客户端应用的规模和使用范围，促进客户端服务水平与内容的不断深化，实现由低层次服务到高级别服务、由实验中到可应用于实践的普遍推广的转变。图书馆移动服务导航系统是图书馆依托先进的数据库技术、云计算技术、存储技术而开发的全新客户端应用。为向全社会公众提供更加方便、快捷的移动信息获取渠道，图书馆以云计算技术为基础，在全国图书馆界建立一个海量存储的移动信息化体系，即"移动服务云"项目。图书馆"移动服务云"项目以一个核心为基础，两大辅助系统为支撑。一个核心为移动服务综合数据中心，两大辅助系统为公众信息咨询系统、行业管理系统。

公众信息咨询系统功能是借助于遍布城市的查询终端与用户手机上所安装的智能导航系统来实现的。用户身处城市之中，只要点开手机中安装的"图书馆移动服务导航系统"应用，就可以随时随地以语音形式播报全国每一个城市的图书馆网点介绍，包括周围的吃、住、行、游、购、娱等各种旅游相关信息。移动图书馆智能手机导游系统只是上述的"移动服务云"工程中的一部分内容。当进入到某个实体图书馆之后，用户首先利用手机 SIM 卡应用完成身份识别与认证。然后借助导航系统"进入"到该图书馆网点，进入后，该图书馆的基本情况、楼层分布、资源利用方式等指南信息就以二维或三维可视化的方式展现在他们面前。在导航定位的指引下，用户不但可以在短时间内找到所需要的库室，而且利用 QR 二维码软件应用，还能够智能识别书架上所标示的资源信息，从而准确地定位到自己所需要的信息资源。与以往不同的，用户通过移动网络，在未来的移动图书馆中不但能够查询到本馆的馆藏信息，而且能够检索到国内所有图书馆的馆藏资源。在此基础之上，用户借助于丰富的应用不但可以在区域联盟内部实现通借通还所有传统的印刷资源，而且还能够广泛共享联盟内的所有数字信息资源、应用服务、硬件设备。

行业管理系统主要包括"移动服务云"中心、信息预测预报系统等。城市中所有移动图书馆管理系统均与其联网，图书馆云中心可以通过数据分析计算出每一个图书馆的人流情况，从而为突发事件提供支持依据。通过这一系统，中心还可随时掌握图书馆的利用率等相关信息，完成对相关图书馆的读者信息统计，把握各图书馆的读者变化趋势，从而有效引导节假日与高峰期读者。高技术的客户端应用将社会公众与移动通信网络、移动图书馆服务无缝地融合在一起，社会公众可以通过应用享受到方便、快捷的移动图书馆服务体验；移动图书馆在提供客户端服务的同时，自身服务的自动化、系统化水平、信息资源的共享化水平也得到了极大程度的提高。客户端应用代表着未来图书馆服务的发展趋势。因此，图书馆应与自动化管理系统开发商、移动服务通讯商、移动互联网服务提供商、应用软件开发商密切合作，开发出功能更加丰富、操作更加便捷、更富于人文化的客户端应用，以满足社会公众日益增长的服务需求。

5. 微信服务模式的实现

（1）基于微信的我国图书馆移动服务的现状

作为一种新型的信息传播平台，图书馆利用微信公众平台可以更好地满足泛信息环境下用户的需求，因此得到快速发展。本课题对国内不同类型的图书馆利用微信公众平台提供服务的情况进行了深入调研，认为移动图书馆对微信公众平台的应用主要体现在以下几个方面：

①资源推荐

利用微信对馆藏图书进行推荐阅读是移动图书馆应用微信公众平台的最典型的功能，也是图书馆利用新技术、新媒体手段宣传馆藏资源的有效途径。馆藏图书的推荐方式多种多样：重点图书推荐、图书清单列表式推荐、读者推荐文章等。在网络文章的选择方面，不同的图书馆所采取的标准或者题材差别较大。例如：北京第二外国语学院图书馆微信平台选择求职写作以及软件使用等方面的题材进行推荐阅读；而长沙图书馆通常选择网络上涉及长沙市的文章予以摘录推荐。

②活动预告

活动预告是图书馆应用微信公众平台开展服务的重要功能，很多图书馆将本馆将要举办的各种培训讲座以及其他类型的活动在微信平台上进行预告。由于微信的用户数量庞大，而且微信传播具有及时性和一对多的特点。因此，可以保证图书馆所发布的活动预告信息能够快速地传送到读者手机或移动终端上，图书馆的用户群能够及时地了解到图书馆将要举办的活动。

③通知服务

通知服务也是图书馆应用微信公众平台提供服务的基本功能。例如：假期来临时，很多图书馆会告知读者图书馆服务时间的调整、借期调整等。另外，图书馆还会发出一些温馨提示，如提醒读者注意防暑降温，在毕业时记得还书退卡等。

④参考咨询

微信公众平台在后台为平台用户提供一种编辑模式，即可以为某些方面的问题预设一些答案，根据网友回复的内容而进行自动回复（如天气、股票、彩票等信息）。通过调查发现，目前大部分图书馆的微信公众平台都设置了自动回复，网友可以在首次关注微信公众平台或者在与微信公众平台的会话过程中看到相关的信息。例如：汕头市图书馆支持网友通过查询指令查找图书馆的馆藏资源、服务指南等。

⑤活动报道和信息推送

对图书馆内举办的一些活动进行报道也能帮助图书馆很好地宣传自己。例如清华大学图书馆会对馆内举办的展览进行报道。此外，对机构的消息进行推送和宣传也是图书馆微信公众平台常用的一项功能。例如首都师范大学图书馆也针对本校学生在英语竞赛中取得优异成绩的消息在微信平台上进行了推送；我国人民大学图书馆对校内的英语竞赛喜讯做了报道和宣传。

（2）基于微信的图书馆移动服务的深化

我国图书馆在应用微信服务方面主要存在着更新频率低、个性化开发程度不高、开放性不足、服务的内容与层次距离读者需求还有较大差距等问题。为此，我国图书馆应积极开发微信公众平台新功能——在有条件的情况下，可以尝试为读者开发新的功能，积极为他们提供个性化服务，扩大服务应用的范围。

①基于位置的增强现实服务

微信公共服务平台提供获取用户位置信息的接口。如今的智能手机具有 GPS 功能，将位置信息与图书馆的特色库结合起来，可以实现移动增强现实，尤其是在增强旅行领域。增强旅行是让用户在移动的过程中直接就能够从图书馆数据库中获取相关资料。如照片、历史记录、录音、视频等。用户通过应用程序观看景点时，所有与该景点相关的资料就会同时出现在屏幕上。而且，随着用户观看方位和角度的改变，所看到的信息也有所不同。图书馆可以通过位置坐标信息为读者提供不同的历史特藏资源，图书馆只需要维护特藏数据接口与微信接口的稳定性。

②基于身份特征的学科服务

学科服务是一种以馆藏信息资源为基础，以用户为中心，根据用户需求，面向知识内容，融入用户教学、科研、决策过程，并帮助用户找到问题、获得相关解决方案的一种深层次的信息服务。当用户身份绑定后，通过学科信息推送，可以把特定学科内的学科信息资源、专家馆员、数据库信息和网络信息资源，以学科知识单元的方式传递给用户。通过微信开展学科化信息推送服务，使得用户在任何时间、空间都可以获得各类定制的学科化信息服务，从而为用户的教学与科研工作提供了极大的支持。

③基于实时交互的参考咨询服务

作为新兴媒体的微信，具有强烈的自媒体特色，其在实时交互方面具有语音图片、文字等多样化的交互模式，相比传统的参考咨询服务平台具有更良好的沟通途径，因此可以帮助图书馆更及时了解用户感受、收集用户反馈信息，有效协助图书馆准确地把握用户心理、了解用户需求，并且利用微信一对一的私密互动特征，通过文字、语音、视频、图片的不同组合混搭来适应不同类型用户的咨询，更加生动、形象地解决用户的问题，满足用户的各种需求，构建以用户为中心的参考咨询服务平台。

④基于社群的图书馆活动推广服务

图书馆可以借鉴论坛板块或类似豆瓣小组的模式，在微信平台中建立多个不同主题的社交圈，并以主题圈子的形式显现：每个微信账号都可以加入自己想要加入的圈子，并在圈子中发布信息、评论或点赞他人信息、转发他人信息。例如：结合馆藏资源荐书系统而推出读书圈，圈子中可以推荐和评论所看过的好书、推荐想看的好书、点赞别人推荐的好书、想看别人推荐的好书；模仿蘑菇街的运行模式，置顶高被赞的推荐；结合学校公共课，开设公共课圈子，圈子中可以共享公共课资源，发布公共课消息，讨论公共课内容等；结合学生社团，可以开设宿舍联盟圈、学生会圈、后勤维权圈等，为学生团体组织的交流共享提供平台。

四、图书馆移动服务模式的组织机制研究

让用户在任何时间、任何地点都能够方便快捷、无限制地访问并共享任何一个图书馆的信息资源一直是国内外图书馆界所追求的终极目标。为此，他们也一直在为实现这个目标而不懈地努力。信息资源共享的脚步进一步加快，标志着我国信息资源共享又进入了新的发展阶段，信息资源共享的内涵无论在深度、广度方面都发生了重大的变化。随着社会的发展、进步，用户需求也在发生着动态调整，传统的图书馆资源共享形式已经无法适应用户不断增长的信息需求，图书馆在应对急剧变化的社会环境与用户动态需求方面显得力不从心、困难重重。为此，图书馆必须适应社会的发展与读者需求的改变，充分利用先进的技术手段与服务方式识别、选择，进而构建能够最大化信息资源共享的效益与功能的组织模式，从而实现机构与信息资源共享的可持续发展的目标。图书馆联盟是当今国内外公认的信息共享的有效模式与组织形式，本研究通过回溯国内外图书馆联盟的发展历程，梳理每一发展阶段的时代特征，总结其经验教训，得出的结论是：以移动图书馆技术为支撑的信息资源共享形式——移动图书馆联盟将成为未来图书馆信息资源共享的发展方向与理想模式。

（一）移动图书馆联盟出现的背景

在数字图书馆联盟运行期间，我国图书馆资源共享的运行机制问题就已经深刻地表现出来。在传统的图书馆联盟时期，传统图书馆联盟的主要责任是完成联合编目、文献传递。到了数字图书馆联盟时期，它又肩负起增强联盟文献购买力，尤其是电子资料的购买力、监督成员馆数字图书馆项目建设情况、筹集项目所需资金、人员培训的职责。成员之间受共同认可的协议与合同制约，联盟依靠专门的组织机构对成员的行为予以约束。与国外图书馆联盟不同，我国的数字图书馆联盟从来不是一个真正的共担风险、共享利益的联合体：很多成员不具备独立完成联盟所交给任务的能力；成员馆之间没有明确的权利、义务划分，导致责任不明；缺乏有效的监督机制，对成员执行联盟任务、完成项目情况不能进行恰当的评估与反馈；最为重要的是缺乏必要的利益均衡机制，导致信息资源基础好、技术先进、投入多、产出多的成员得不到相应的回报，从而严重地挫伤了这类成员建设数字图书馆的积极性面对移动图书馆建设与利用过程中的难题，我国图书馆迫切需要通过逐步探索、选择、完善一种有效的组织形式与发展策略，来协调、解决信息资源共享过程中所涉及的一系列影响因素，从而保证公共信息资源共享工作的可持续发展这种全新的组织形式称为移动图书馆联盟。

（二）移动图书馆联盟的内涵

移动图书馆联盟是一个全新的概念，一种全新的组织形式，一种完全不同于以往图书馆联盟与数字图书馆联盟的定义，说它全新是因为它从未被定义过，以移动图书馆联盟为关键词，以题名、主题、关键词为检索途径，以 CNKI、维普、百度、谷歌为数据源进行检索，未检索到任何相关结果，这说明无论从理论研究还是实践探索，移动图书馆联盟模式仍处于发展的萌芽阶段。移动图书馆联盟不同于以往一般意义的图书馆联盟，也不等同于数字图书馆联盟，它们之间存在着极大的差异 - 回顾以往图书馆联盟或数字图书馆联盟，几乎所有的联盟都是以某一个图书馆为中心馆，并在其中起主导地位，集中采购、集中编目、联机参考咨询，主导着联盟的发展方向，是以实现资源共享、互惠互利为目标而组织起来的，不以赢利为目的而移动图书馆平台开发与构建是开展移动图书馆业务的基础条件。无论是移动服务平台的支撑还是在数字图书馆系统中移动应用的开发，目前国内外图书馆都是采取与移动运营商、数据库开发商、网络信息技术公司相合作的形式，以上成员在移动图书馆联盟建设中扮演着至关重要的角色，这三方是以营利为目的同时与图书馆组成的合作体。根据以上的分析，我们将移动图书馆联盟定义为：移动图书馆联盟是图书馆为了实现读者任何时间、地点都能无限制地获取信息资源的目标，以无线网络技术为知识资源推送手段，以合作方成员自有资源与网络资源为知识仓库，以实现资源共享、互惠互利为目的，与移动运营商、数据库开发商、网络信息技术公司等网络运营商、服务商、开发商以商业化运作的形式组织起来的、受共同认可的协议和合同制约的联合体。

（三）移动图书馆联盟的意义

移动图书馆联盟的出现，对于移动数字图书馆发展具有划时代的意义。

1. 解决了内容提供的瓶颈问题与版权问题

每个图书馆自身的信息资源都是有限的，尤其是具有知识产权的信息资源难于满足移动阅读的内容需求。为此，应不断拓宽信息内容供应的来源，理顺信息内容提供链。与网络信息内容提供商结成联盟关系后，图书馆就可以通过与内容提供商的广泛合作，获得发行作品的版权许可，这样既可以扩充移动资源利用范围，又具备了合法性。

2. 提供整套的移动图书馆系统解决方案

移动图书馆平台建设涉及人员、技术、资源、经费、推广等一系列问题，单一的图书馆无力也不可能独立解决全部技术问题。移动图书馆联盟应追求多方合作，吸引技术能力强的网络内容提供商、服务商加盟，借他人之力解决技术瓶颈。例如，书生公司推出了移动图书馆解决方案，能够有效地解决上述主要技术难题。首先，通过文档交换服务器解决不同数据库平台无法统一访问，以及不同数据存储格式不能通读的问题。其次，实现不同手持设备统一搜索，并且支持各种类型的可上网手机，以及具有WiFi功能的MP4、电子书阅读器等手持终端设备。最后，突破了过去的 IP 控制方式，直接针对每个读者终端进行权限控制。在知识产权保护方面，书生移动图书馆系统花大力气进行合法手机用户的唯一性认证，限定每个手机号绑定一次，如果失效的话就需要重新认证。

3. 有利于获得稳定的财政支持，拓宽资金来源渠道

移动图书馆建设与发展需要大量的经费投入。移动图书馆建设前期投入成本高，后期运营费用高，仅依靠政府的投资、自身的经费难以维持。通过成立图书馆联盟，吸纳移动服务运营商、数字资源内容供应商等的加入，有利于广泛吸收民间的投资与社会力量参与移动图书馆建设。在不违反国家相关法律、法规的前提下，使双方互惠互利，移动服务运营商等商业团体得到了应得的最大利益，而移动图书馆联盟获得了稳定的资金支持，进而使联盟得到迅速的发展，实现信息资源共享最大化的战略目标

（四）移动图书馆联盟可持续发展之路

1. 合理的管理体制、运行机制

管理体制与运行机制都是属于制度保障范畴，它们是直接影响移动图书馆联盟可持续发展的关键制度因素。要通过建立合理的管理体制与运行机制，为移动图书馆联盟的运作提供良好的内部环境——强烈的组织愿景、合理的组织结构、良好的运行机制。所谓明确的组织愿景是指组织制定了十分明确的任务与战略目标，移动图书馆联盟的每一位成员对本组织的任务与战略目标具有十分深刻的认识。明确的组织愿景有利于联盟形成强烈的凝聚力与向心力，进而形成和谐的联盟文化，成员能够自觉将自身利益与组织的整体利益、全局利益保持一致；移动图书馆联盟是多方成员所组成的联合体，因此，组织结构的合理性至关重要组织结构的设置要充分考虑各方成员的利益，机构的层次要与移动图书馆资源共享的内容要素、技术要素、资源要素适应。移动图书馆联盟对最高领导层、中间管理层与具体动作层具有绝对的影响力与号召力，以实现对联盟发展的指导、规划等方面具有严格的掌控力。在运行机制方面，联盟应该摆脱传统图书馆联盟的运行模式，借鉴国外图书馆联盟成功的运作模式，吸引移动服务运营商、数据库生产商和咨询公司等商业机构共同投资、共同建设、利益共享地参与到移动数字图书馆建设中来。

2.均衡的利益平衡机制

利益平衡机制是否均衡，直接影响着移动图书馆联盟的可持续发展。我国传统图书馆联盟与数字图书馆联盟之所以发展缓慢，是因为缺乏合理、有效的利益均衡机制是其中的重要原因。良好的利益平衡机制，首先要求联盟根据组织的任务与战略目标，确定每一位成员的权利与义务；其次要建立多劳多得、多投入多得、多赢多得的利益分配机制，充分调动组织成员尤其是商业机构建设移动图书馆、提供移动图书馆服务的积极性与创造性；再次，要通过建立畅通的交流渠道，保证成员的意见得到及时的交流与沟通，保证成员对联盟的重大事务具有知情权与发言权，从而保障联盟在民主、信任、理解的基础上运行。

3.科学的信息资源共享模式

知识经济的时代，移动通信技术的发展使得数字图书馆失去了传统的边界，边界界限日益泛在化。面对海量的网络数字资源，我国移动图书馆联盟必须调整自己的传统共享策略，选择更为科学的共享模式。图书馆在共享模式上应该突破传统的全国性、地区性协作性组织共享模式，要走出国门，积极参与国际数字信息资源共享的网络建设进程中，加强与NSDL、CDL、OCLC等国际数字图书馆联盟的联系。通过共建、共享网络信息资源，一方面不断拓展我国的信息资源储备；另一方面，在交流、合作的过程中为我国移动图书馆联盟建设积累经验。

可以预见，未来的图书馆联盟，必将是移动图书馆联盟。Uma Hiremath就曾明确地指出，数字时代资源共享的形式是图书馆电子联盟，①通过成立移动图书馆联盟，可以有效地整合图书馆海量的纸质馆藏资源、数字信息资源与优质的信息服务，借助通过网络技术、通信技术、计算机技术、数字图书馆技术的综合运用，极大地提高了我国图书馆资源共享效率，显著增强了我国图书馆的核心竞争力。

第三节 图书馆移动服务模式的优化策略

一、改进服务模式

优化图书馆移动服务模式是改进图书馆移动服务策略中最重要的一部

分，这将直接关系到用户获取知识的数量和质量，从而影响到用户对图书馆移动服务的满意度和认可度。基于移动互联网服务模式（WAP服务模式）、基于手机短信服务模式（SMS服务模式）、面向特定终端的App模式，这三种模式搭载了大部分图书馆移动服务。但当今社会中，用户对图书馆移动服务的需求更加多样化，且已经呈现出分层化的趋势，已有的运行框架不能完全满足用户需求，对其进行优化势在必行。

（一）横向拓展图书馆移动服务的运行体系

在改进图书馆移动服务模式时，除上述三种主要服务模式之外，应当在横向上拓展运行体系，以此来保证途径的多样化，并提升不同层次用户需求的满意度。横向拓展主要体现在完善非网络的常规服务模式和开拓智慧化移动服务门户两方面。

首先，要不断完善非网络的常规服务模式。由于不同社会个体所占有的社会资源不同，获取知识的方式也不尽相同，但知识对每个人来说都是平等的，移动图书馆作为新兴的知识传播方式应当将社会公平这一理念贯彻落实。图书馆可以在以下方面大力开展工作：创建社区分馆技术服务中心，设立小型电子阅览室，或提供免费的技能培训免费或以其他方式提供移动终端设备与网络接入环境，在图书馆内大力营造免费的WiFi和WLAN环境。图书馆向民众积极开展移动信息技术、图书馆移动服务内容培训。移动图书馆应当通过完善非网络的常规服务模式，来兼顾社会不同阶层对象的需求，帮助他们消除利用移动服务的素养与技能障碍，简化社会公众使用移动图书馆的门槛，争取通过这一方式满足各类社会群体的需求。

其次，为了适应社会发展潮流和用户更多样化的需求，图书馆移动服务需要更加关注智慧化移动服务门户的开拓微信、微博等自媒体门户在图书馆移动服务中发挥了作用，例如，通过微信平台进行图书或文章推介、活动预告、功能提醒及通知服务、读者咨询和信息推送等。移动图书馆可以通过开发微信公众平台新功能，为读者提供更丰富、便捷的图书馆移动服务，扩大图书馆的宣传和服务范围。基于微信的图书馆移动服务不失为一种良好的图书馆移动服务推广模式，改变了传统图书馆移动服务推广思路，也减轻了图书馆的开发工作量随着微信平台接口的日益丰富，图书馆微信可开展更多有益的服务。

智慧移动门户的建设应遵循以下几个基本的原则：①移动服务的门户能兼容并自适应 ios/Android/WindowsMohile 等不同的移动终端，用户无须安装相应的控件和客户端，并且使用方便、快捷；②移动门户服务内容丰富，并且操作界面简洁、实用，操作简单明了；③能实现读者与图书馆之间的智能交互，可实施在线的智能化交互移动参考咨询体系；④通过可视化技术、数据存储、处理、分析和挖掘技术实现智慧化的移动服务。

（二）纵向构造层次化图书馆移动服务运行体系

由于用户在接入与使用移动通信网络的硬件条件方面存在着巨大差异，在所要获取知识的类型上也各不相同，这就要求一个完整的移动图书馆运行体系在内部实现层次化发展。在移动通信网络与移动终端的占有与使用上，主要分为使用普通的 GSM 服务网络手机的用户群体，拥有较高性能的智能手机的用户群体，以及拥有 iPad 等高端移动终端的用户群体较低端移动终端使用者对移动知识资源获取的要求也相对较少，较高端移动终端使用者更追求丰富化且个性化的图书馆移动服务。为了满足这种层次化明显的用户需求，移动图书馆也应适应用户层次来提供服务。

技术上，移动图书馆的设计既要满足 4G 的传统网络，也要跟上 5G 网络的时代潮流。短信服务覆盖面广，移动网站查询和交互功能上优势更加明显，这在很大程度上弥补了短信服务的不足，App 有访问速度快、界面优化、体验流畅和个性化定制等优点，有利于丰富服务内容和提高服务质量。内容上，既要有贴近生活的咨询，也要有专业领域的科研信息，图书馆移动服务纵向层次的划分是十分必要的，这不仅能够针对核心用户来进行项目设置和内容调整，也能关注到潜在客户的需求，提升服务效果，如今许多图书馆在移动服务中都呈现出短信服务、移动网站服务和移动应用并存的趋势，这正是践行了层次化移动图书馆运行体系建设划分层次是体现一个移动图书馆完整性和专业性的方式，这样的移动图书馆更能适应社会变化，随着自身的进步，今后能够在各类社会群体中都占有一定的市场份额。

（三）服务模式的创新

1.增加电子资源

学生和老师是公共移动图书馆的主要用户，这一用户群体利用电子资源完成作业或学术科研的需求较多，这对电子资源的数量提出了较高的要求公共在开展移动服务的过程中应当从用户（学生、老师）需求角度出发，听取用户意见，从品种和数量上增加电子资源，最大限度地满足移动用户的需求。移动图书馆中的电子资源包括文献、期刊、杂志等内容，中文期刊可以供用户无障碍下载，但是外文文献资源在有些图书馆中却不能够下载，这样就会严重影响用户的体验感，当用户有需求却不能被满足时，用户就会产生负面心理，觉得移动图书馆不够实用便捷。所以增加电子资源的数量及开放性，是现在亟待解决的问题，充足的学术资源可以为用户提供强有力的学术支持，满足各类用户群的需求，使移动图书馆成为用户不可或缺的新工具。

2. 利用先进技术

移动图书馆应充分利用先进技术拓展图书馆移动服务，如利用云计算开发云笔记功能，能够突破时间与空间的限制，使读者随时随地可以记录自己所需的信息，并在任何时间都能够查看自己记录的信息。移动图书馆还可以发展图书馆微博，图书馆微博具有微博的一般特征，能够基于信息资源和人的关系网络来获取、分享信息。图书馆微博可以整合其资源与用户关系，实现用户与文献资源多方交互的目的，让知识在分享中发挥更大的价值。通过先进的计算机通信技术，图书馆之间以及图书馆与其他网络机构之间可以进行联合协作，通过与通信设备制造商、运营商等之间充分合作，统一标准和协议，以实现数字图书馆移动服务的"无缝"体验，实现资源、技术、人员和服务的共享。通过合作，可以利用合作方的统计数据来了解用户兴趣，这能够使移动图书馆深化"以客户为中心"的服务理念，为用户打造个性化信息定制。这是图书馆适应市场、了解读者的需求、主动寻找潜在用户和改善服务的关键。

3. 优化用户体验

由于移动图书馆是新兴技术，在某些方面还不够成熟稳定，所以在对电子资源的检索中可能会遇到网站不稳定，打开困难或是下载缓慢，这些都会影响用户的体验感。加强网站建设，为移动图书馆提供更加稳定安全的客户端服务；另一方面是优化检索入口，使用户在进行检索时可以方便快捷地找到所需资源，设定"快捷检索"和"高级检索"等功能，力求做到与电脑同步，让用户获得与在电脑上相同的使用感。实现移动图书馆提供信息和读者获取信息的无障碍性。图书馆管理人员可以通过后台批量导入读者的各种信息，根据不同单位、不同身份的读者进行管理。针对这些读者的批量管理设置，每个用户都有独立的启用时间、停止时间，管理员单独发短讯和编辑用户信息。

图书馆的服务系统是图书馆开展移动信息服务的关键。从读者服务角度考虑，移动信息服务系统应该与现有数字图书馆系统保持一致性；从系统长期发展的角度考虑，图书馆移动信息服务系统应具有较强的兼容性，以减少资源交互过程中数据的冗余。但是，国内大多数图书馆都通过单独新建数据资源来实现图书馆移动服务，这在一定程度上造成服务交叉且数据冗余，进而给数据的维护带来了一定的困难。因此，为了减少中间数据的冗余，解决系统资源交互的问题，图书馆的移动服务系统应当朝着灵活扩展的方向发展，使图书馆移动信息服务的内容和范围可以适应多种变化，移动信息服务系统也能够高速有效地创建相应的接口并提供及时服务。

移动服务在未来有着巨大的发展空间，图书馆移动服务是移动服务功能的具体体现，是未来的主流服务方式和发展趋势所在。图书馆移动服务应该做到为用户提供信息和使用信息的无障碍性，这就要求移动图书馆必须重视服务质量，从用户和用户满意度的角度出发进行研究，用户的评价才是最权威、最有说服力的评价。移动图书馆必须进一步将创新理念付诸实践，注重服务功能、服务内容的多样性，通过利用新型科学技术来提升移动图书馆的服务质量，构建科学、高效的图书馆移动服务。

二、深化个性化服务功能

图书馆移动服务是直接与用户对接的，初期用户关注图书馆移动服务所提供资源的数量和质量。随着社会发展进步，如今的用户更加关注在数量与质量有保证的前提下图书馆的个性化移动服务。因此，帮助用户开发出自己的个性化知识资源系统是图书馆移动服务改进策略中不可或缺的一部分。

（一）要准确把握用户需求，为提供个性化服务做准备

在社会环境中处于不同位置的用户对信息资源的需求类型也是不同的，图书馆需要对信息用户的自身属性和所处社会环境等方面进行调查分析，从而来调整图书馆移动服务和现有的服务观念来契合用户需求变化。图书馆不能单方面地充当知识供给者的角色，图书馆也应与用户进行换位思考，考虑用户需求，及时为用户提供最需要、最感兴趣的资源能够让读者体会到自己

的个性化需求得到了充分满足，直接有效地从移动图书馆中获取信息。

要基于用户需求变化来落实个性化服务。从目前情况来看，图书馆的个性化服务主要有三类：个性化推荐服务，个性化检索服务，个性化网站服务。其中，个性化网站中"我的图书馆"项目影响最大，利用MyLibrary所提供的个性化服务，从图书馆网站所提供的全部馆藏数字资源中，用户自由选择自己所需要的信息，在该系统中进行组织，以后用户再访问MyLibraiy时，即可获取与此相关的最新内容。若想要充分提升图书馆移动服务的个性化水平，就要完善个性化检索、个性化推荐服务和个性化网站服务这三个方面，针对不同层次的用户提供符合其需求的服务。例如在界面设计和推介内容上都可以充分体现个性化，让用户享受到最适合自己的图书馆移动服务。并且图书馆也要设置专人来进行用户需求调研和后期发展规划，提高馆员素质，以此来避免用户需求外溢，并保障个性化服务效果。

（二）服务内容和模式上体现个性化

据OCLC的研究报告显示，75%的用户认为图书馆仅仅是藏书的地方，对图书馆网络数据库的使用率更低至约16%。这些数据足以证明用户对移动图书馆的认知程度还不够高，移动服务的内容也缺乏相应的吸引力，还没有改变大部分用户从Google和百度获取信息的习惯。内容上首先要做到多样化、丰富化，这样才能覆盖更广的用户需求，满足用户多样的个性化需求。为满足用户日益增长的知识需要，移动图书馆的服务方式也应实现多样化，提供咨询服务、检索服务及专题服务等创新型服务。在现有的主要服务模式中，SMS服务模式、WAP服务模式和App服务模式都存在着一定的问题和缺陷，但这也代表它们在个性化发展上还有一定的空间。移动数字图书馆必须利用其可移动的便捷性，拓展服务功能，才能充分满足读者的个性化需求，因此我们可以为移动图书馆开设凡种个性化服务模式。可以开发预约服务模式，读者通过移动数字图书馆主页快速、方便地对书馆藏书进行检索、预约，预约方法有两种：一是网上预约，二是现场预约，在"研究小间现场预约终端"机上预约。开发信息检索个性化服务模式，建设和完善读者信息库，这是个性化服务的基础，也是读者个性分析的数据来源，图书馆要不断寻求自主开发具有自己特色的个性化服务，采取多种方式了解读者的想法、主动跟踪本校相关学科的研究进展、研究热点、发展方向。还可以开设专门针对公共的个性化服务，例如课题协助服务模式、远程教育课程服务模式和为公共导师、学科带头人建立的"个人网页"模式等。

移动图书馆客户端的设计上可以使用个性化定制服务，用户可以根据个人习惯来布置界面，也可根据自身需求增减内容。有学者提出了较为详细的基于数据挖掘技术的图书推荐个性化服务，主要有两个方面的工作：一个是利用登录移动图书馆的读者所留下来的历史数据来预测用户潜在的喜好和兴趣，另一个是将挖掘出来的预测数据展示给读者在此数据基础上，只要用户登录App，图书馆就可以通过聚类算法对读者进行聚类个性化图书推荐，根据借阅记录为读者提供关联图书推荐，充分满足用户的阅读需求及其拓展需求。

（三）全功能的个性化移动服务体验

全功能的个性化移动服务体验，成为图书馆新时期移动服务又一闪光的亮点。移动终端自适应服务，可以针对不同的用户终端种类、移动终端屏幕尺寸，适应地提供合适操作平台接入和显示格式输出；移动电子图书阅读，可以提供用户能够方便阅读的、自动转化的、图文并茂的、全文混排的电子读物；移动新书导航服务，可以分析和推荐图书馆新进的图书资料，为读者便捷地获取知识提供导航服务；移动OPAC服务，用户可以随时进行图书馆相关业务的办理和自助服务；检索历史的查询服务，为读者知识学习和科研分析提供给第一手的研究轨迹资料；移动终端绑定服务，可以满足用户日后的手机一卡通、手机支付、手机位置服务、手机知识推荐等服务的开展；移动音视频服务，提供用户全媒体的视听体验需求，虽然现今手机高额的流量费用还限制着这项服务的开展，但是通过替代化的无线手机蓝牙传输服务和WiFi服务，享受不限流量的移动视听服务，还是读者比较强烈的个性化需求；此外，同步全媒体展览服务，可以实现同步、在线、视听的实体全媒体展览。

图书馆移动服务作为信息时代信息服务的一种崭新的服务系统，它应当极尽所能地突破时间和空间的限制，充分利用4G、5G移动网络技术，为用户提供个性化服务，使广大移动读者拥有一个移动的个人图书馆及其相关的服务。

三、强化图书馆移动服务孙的用户体验功能

图书馆的服务理念是否适合当前服务环境，是否得到用户的认同并促进用户的持续使用行为，在很大程度上取决于用户体验（User Experience），对用户体验的通用解释为：为用户使用或假想使用一个产品、系统或服务时的感知和反馈。

（一）调整服务理念，完善用户体验

国内移动图书馆已经意识到用户体验功能的重要性，纷纷开始开拓这一功能。这使得图书馆服务模式变化迅速，但服务理念却并未得到调整所以要全方位调整服务理念，来完善用户体验这一功能。对于资源的看法上，要明确移动资源不等于现有馆藏资源、移动阅读资源不等于可利用资源这两点，图书馆移动服务应当将本馆资源向移动服务资源转化，使用户获得更多资源，并针对 Android 系统以外的其他系统提供图书馆移动服务支持，逐步破除资源的使用限制。对于服务的看法上，要明确个性化服务不等于限制性服务，图书馆服务以满足用户信息需求为基础，应在最大程度上满足用户需求，要及时对产生的限制性服务做出调整。对于用户的看法上，要明确核心用户不等于全部用户，在服务项目设置、服务内容的调整上也要关注潜在用户的信息需求和服务需求，避免出现以偏概全的情况。同时，要正视用户对服务的质疑，这样才能够深入完善用户体验。

（二）管理用户体验，保证服务质量

图书馆移动服务在交互传递中为用户创造优质的体验过程是用户采纳图书馆某种移动服务的原因之一，不佳的服务体验过程也会使用户放弃某项服务图书馆移动服务必须比传统服务更加注重用户体验，确保能提供良好的用户体验质量，获得用户对图书馆移动服务的认可和持续使用。在实际操作过程中，图书馆就应对移动信息服务中的交互事件进行实时测量，主动了解用户使用某项移动服务的实际体验，从而形成用户主观的体验知识，尤其应抓住关键的交互事件并实时地解决用户遇到的问题，进而降低服务响应的迟滞，创造服务的瞬时价值。图书馆应站在用户角度、以用户体验为导向来开发移动服务，从而使图书馆移动服务质量得到保障，最终增强用户的使用黏性。开拓移动图书馆用户体验功能不是一蹴而就的工作，需要长时间地完善，在开发出新的用户体验项目后，也要关注它的后期管理，这样才能保证用户

体验对用户的有用性。

（三）拓展用户增值体验服务

拓展用户增值体验服务是完善移动图书馆用户体验中很重要的一部分，它体现出了用户体验的潜力和与时俱进。目前用户增值体验主要包括，二维码服务、图书馆地图导航服务、图像语音识别服务等用户增值体验。第一，通过二维码技术可以为每位读者生成自己的二维码信息，资源信息也可生成二维码，通过扫描二维码信息，可实现入馆身份识别、图书借阅情况查询、自习室座位预定和信息查询，用户也可通过手机中的二维码软件，获取图书所在位置信息、图书基础信息等；第二，图书馆地图导航服务，通过获取移动用户的位置信息，利用地图插件匹配用户位置信息，提供图书馆的相关位置导航信息，还有公共文化导航服务、阅览室导引服务等；第三，图像语音识别服务，结合智能手机的视频和音频识别功能，简化读者的检索输入过程，让读者更方便、直观地查找所需的信息。图书馆移动服务中用户体验功能的开发需要与用户市场调研和科技进步紧密结合，有生命力的图书馆移动服务才更能被用户所接受。

四、建立健全图书馆移动服务质量评价机制

（一）控制信息发布质量

首先，图书馆需要设计一套信息质量的评价指标体系，严格按照这套指标体系对发布的信息进行评价，在达到要求后对外提供；而对于用户发布的信息，可以在评价页面上按指标体系的大致分类让其他用户做出定量评价，图书馆可以根据这些评价得分考虑删除或推荐某些服务。其次，做好信息服务过程控制，从信息的产生到信息利用，形成一个闭环的质量控制。既要保证生成和发布信息的质量，也要迅速检查和及时纠正信息的错误和偏差。当图书馆作为用户信息交流的平台时，可以通过自动监控功能来控制用户发布信息和生成信息的质量。同时可组建监控小组，对系统过滤时提示的异常信息进行人工控制，还可以借鉴BBS管理经验中的版主制度，以用户自主监控作为辅助。

（二）保证用户体验质量

首先，要有全面的质量保证因素。图书馆信息服务系统要具备很高的通用性和实用性；图书馆员要有良好的工作作风与态度，同时具备较高的工

作专业知识水平；要有配套的组织管理机制，进行有效的反馈和管理。同时，图书馆可以考虑实行实名登记，要求用户以具有唯一识别性的学号或者工号进行登记，保证准确获取发布信息的用户身份。完全实名的方式会影响用户参与的积极性，因此在使用信息服务时以非实名方式进行，用户在参与交流、讨论、信息发布和评价时可自由地使用昵称或匿名，以此来提高用户参与度。

（三）激励用户参与评价

再完备的质量评价机制都离不开用户的支持，所以如何做到吸引用户进行持续的使用行为才是关键，这也就是如何激励用户参与移动服务，激励无外乎物质激励与精神激励。

第一种方式可以采用现在普遍流行的积分制。积分制即以虚拟积分或等级激励用户参与的方式，优点在于虚拟积分在社区范围内可以自由流通、用户等级提高之后相应权限也会扩大、不增加运营成本，可显著提高用户的参与度，比较经济实用。例如百度文库、豆丁网，用户在使用这些网站提供的信息资源时，必须付出一定的虚拟积分或是达到一定的等级，当用户在使用过程中做出文档分享的贡献，或是完成了网站设定的任务时，都会相应地得到积分，积分达到一定数量后就可以上升等级。

第二种方式是从用户心理层面进行激励的参与度排名。在某一时期（如月、周排行榜）或参与的全过程，网站对用户关注度高、贡献资源质量高、数量多的用户进行排名，这样做不仅可对这些用户所贡献的信息资源进行推广，而且能够进一步增加用户参与度，激励活跃用户增加贡献值。

最后是建立公平合理的评价体系。程序公平才能让用户对图书馆产生信任和忠诚，用户在图书馆信息服务感受到不公平以后，用户会选择降低自己的参与程度或贡献，甚至可能会退出服务的使用因此，要针对用户参与的程度和贡献制定一个公平合理的评价体系。公平合理的评价体系，需要具备赏罚分明的制度，可量化、增加透明度，要让用户体验到这种公平合理因此，图书馆制定奖惩制度要建立在调研的基础上，并要做好制度宣传。

五、加强图书馆移动服务平台建设

对于新型信息服务所需要的大量信息技术，图书馆往往不具备独立开发的能力和资金，因此可以充分考虑与技术提供商的合作来达到目的图书馆应当充分考虑成本效益，结合自身发展需要和自身情况来引进成熟的技术，在技术合作中，围绕用户需求进行测试、分析和改进，对其性能和适应度评估后再推广使用，以使其更好地为用户所用如目前我国图书馆一般都与一些企业进行了合作，如使用较广的汇文、妙思等文献集成管理系统，提高了图书馆的服务效率和服务质量。

（一）智能化页面

利用网格技术，构建统一搜索平台。网格技术对处理分布式系统、消除系统异构障碍、动态性服务需求等方面具有强大的功能，它能为移动图书馆的元数据管理及服务、信息存取、复制、高速传输、数字资源永久保存、信息安全等提供新的理念和实现方法，为移动图书馆构建统一的搜索平台，使读者可以在不同的图书馆系统之间方便地共享多种数字信息资源。

大部分的用户在搜索文献时更加倾向于使用中文搜索，如果想要搜索外文文献，在现在的技术情况下只能先将关键词翻译出来，然后再将外文关键词输入外文文献期刊库进行检索，这样不仅程序烦琐，而且不能达到方便快捷地为用户提供服务。因此，为了适应大部分读者使用中文进行语义化搜索的习惯，让读者使用中文关键词搜索到相应的外文期刊或者外文论文，中文在搜索文献时能够提供关键词联想服务，同样外文文献检索更加需要关键词联想，这是因为英语并不是母语，有很多人在外文文献查找方面存在困难，如果能够为用户提供外文关键词联想服务，这样就可以全面精确地搜索想要的目标信息，而不用担心漏掉有用的信息。当然，读者也可以使用外文关键词搜索外文期刊或者外文论文，从而使用户可以根据自己的需求对移动图书馆提供的服务进行选择

（二）加强用户隐私保护

首先，建立图书馆用户隐私保护制度可以对用户信息进行分类管理，要在用户隐私制度中明确规定使用权限，合理合法地进行利用，严防第三方获取，并要明确对违规行为的处理办法。其次，为用户提供不同的隐私保护技术方案。移动图书馆服务系统应充分考虑到用户对隐私保护程度的可选择性，动态地提供个性化的隐私方案，用户可以选择记录信息开放程度与保密程度，充分体现服务的人性化特征。最后，完善信息服务系统中的隐私保护设计，提高信息安全保护技术措施，用户在信息交流中可以以匿名或其他方式进行交流，只有图书馆工作人员才能接触到用户的真实身份信息。图书馆

还应将隐私保护政策和较为普遍的隐私侵权行为在信息服务系统的显著位置予以公示,以提示用户不犯同样的错误。

(三)改善意见收集渠道

移动图书馆作为新技术,在推广过程中还需要不断地与用户磨合,当用户在使用过程中发现问题时,如果不能及时地表达,就会降低用户的感知度,图书馆移动服务也会错失提升服务的机会,所以改善意见收集渠道势在必行。首先,图书馆可以考虑开通相关渠道来实现与用户的互动,比如在图书馆内部设立专门岗位,用来回答用户一般性提问和投诉。这个岗位的设立不仅解决了用户在使用中遇到困难无处寻求帮助的难题,而且有利于反馈图书馆移动服务的问题和建议。其次,在图书馆大厅设立留言板,张贴用户留言及图书馆针对性的回复,建立用户与图书馆的日常沟通交流机制;这些留言板的设立绝对不能是单纯的摆设,一定要有专门的人员进行每天的收集,达到用户对图书馆监督的目的。最后还要加强馆内各部门之间的沟通与交流,尤其是参考咨询部门与采访、流通,技术部门的横向沟通,使读者意见能够及时反馈给相关部门重点是让读者能切身感受到图书馆认真听取意见及建议的决心和真诚,并且在一定时间范围内确能看到改善。

参考文献

[1] 宫磊. 高校图书馆管理与服务创新研究 [M]. 长春：吉林大学出版社，2020.09.

[2] 江莹. 基于信息资源建设与读者服务的高校图书馆发展研究 [M]. 长春：吉林大学出版社，2020.01.

[3] 王凤翠. "一流学科"建设高校图书馆支持体系创新研究 [M]. 武汉：华中科学技术大学出版社，2020.08.

[4] 曹瑞琴. 高校图书馆学科服务与智慧化建设 [M]. 长春：吉林出版集团股份有限公司，2020.03.

[5] 韩雨彤，常飞. 图书馆信息资源建设发展研究 [M]. 北京：应急管理出版社，2020.

[6] 党跃武，张盛强. 一流大学图书馆治理能力现代化的探索与实践 [M]. 成都：四川大学出版社，2020.10.

[7] 李小贞，宋丽斌. 现代馆藏管理与资源建设 [M]. 长春：吉林人民出版社，2020.09.

[8] 陈嘉，黄辉. 高校学生新型冠状病毒肺炎防护手册 [M]. 长沙：湖南科学技术出版社，2020.04.

[9] 王以俭，廖晓飞. 地方文献与阅读推广 [M]. 北京：朝华出版社，2020.02.

[10] 杨琳. 高校图书馆管理与阅读服务模式创新 [M]. 长春：吉林人民出版社，2019.06.

[11] 张利民. 高校图书馆管理创新发展与应用 [M]. 成都：电子科技大学出版社，2019.05.

[12] 于红，李茂银. 高校图书馆管理与服务创新研究 [M]. 长春：吉林人

民出版社，2019.09.

[13] 周甜甜.高校图书馆管理与读者服务研究[M].延吉：延边大学出版社，2019.08.

[14] 焦青.高校图书馆文化建设研究[M].北京：中国商务出版社，2019.03.

[15] 朱丽君，卫冉.图书馆管理与智能应用[M].长春：吉林人民出版社，2019.07.

[16] 李建明.高校图书馆阅读推广与服务机制构建[M].北京：航空工业出版社，2019.01.

[17] 曹静.高校智慧图书馆建设与应用研究[M].北京：中国商务出版社，2019.05.

[18] 刘纪刚.高校图书馆阅读推广理论与实践[M].北京：九州出版社，2019.06.

[19] 吴佳丽.高校图书馆阅读推广理论与实践研究[M].延吉：延边大学出版社，2019.05.

[20] 李国翠，郭旗.图书馆资源建设与管理艺术[M].长春：吉林美术出版社，2019.01.

[21] 张睿丽.数字图书馆资源管理与建设[M].长春：吉林人民出版社，2019.10.

[22] 刘秀文.高校图书馆专利信息服务研究[M].北京：海洋出版社，2019.09.

[23] 李科萱.图书馆管理与信息服务[M].北京：光明日报出版社，2019.09.

[24] 李静，乔菊英.现代图书馆管理体系与服务研究[M].长春：吉林人民出版社，2019.08.

[25] 董伟.新媒体时代图书馆管理与服务研究[M].长春：吉林人民出版社，2019.07.

[26] 李艳春，朱平哲大数据环境下高校图书馆信息服务转型研究[M].北京：北京工业大学出版社，2019.11.

[27] 王振伟.新时期高校图书馆读者服务工作研究[M].北京：北京理工

大学出版社，2019.06.

[28] 张理华.大数据时代高校图书馆信息服务创新研究 [M].北京：北京理工大学出版社，2019.03.

[29] 刘华卿.互联网时代高校图书馆与公共文化服务的融合发展和实践 [M].长春：吉林大学出版社，2019.05.

[30] 郑幸子.高校图书馆管理与服务创新 [M].长春：吉林大学出版社，2018.01.

[31] 陆丹晨.高校图书馆管理的创新性研究 [M].石家庄：河北人民出版社，2018.02.

[32] 陈陶平，赵宇.现代高校图书馆管理与服务探究 [M].北京：九州出版社，2018.06.

[33] 杨启秀.高校图书馆管理与服务创新研究 [M].北京：国家行政学院出版社，2018.12.

[34] 熊瑛.高校图书馆电子资源管理与评价研究 [M].北京：北京工业大学出版社，2018.08.

[35] 王印成，包华.高校图书馆信息管理与资源建设 [M].北京：经济日报出版社，2018.05.